T0107381

EL DESCENSO
DEL REPTIL

EL DESCENSO DEL REPTIL

VALENTE COSTA-BRAVA

Copyright © 2012 por Valente Costa-Brava.

Número de Control de la Biblioteca del Congreso de EE. UU.:		2012900191
ISBN:	Tapa Dura	978-1-4633-1706-5
	Tapa Blanda	978-1-4633-1705-8
	Libro Electrónico	978-1-4633-1707-2

Todos los derechos reservados. Ninguna parte de este libro puede ser reproducida o transmitida de cualquier forma o por cualquier medio, electrónico o mecánico, incluyendo fotocopia, grabación, o por cualquier sistema de almacenamiento y recuperación, sin permiso escrito del propietario del copyright.

Esta es una obra de ficción. Los nombres, personajes, lugares e incidentes son producto de la imaginación del autor o son usados de manera ficticia, y cualquier parecido con personas reales, vivas o muertas, acontecimientos, o lugares es pura coincidencia.

Este Libro fue impreso en los Estados Unidos de América.

Para pedidos de copias adicionales de este libro, por favor contacte con:
Palibrio
1663 Liberty Drive
Suite 200
Bloomington, IN 47403
Llamadas desde los EE.UU. 877.407.5847
Llamadas internacionales +1.812.671.9757
Fax: +1.812.355.1576
ventas@palibrio.com
349389

INDICE

Quiero dedicar esta anti-novela a mis padres.

Al maestro.
A los Maestros.
A los MAESTROS.
A la maestra.
A las Maestras.
A las MAESTRAS.
Gracias.

PRÓLOGO

El

　　descenso

　　　　del

　　　　　　reptil

　　　　　　　　es

　　　　　　　　　　ante

　　　　　　　　　　　　todo

　　　　　　　　　una

　　　　　anti-novela

　　　　de

aventuras.

　　　　Una

　　　　　bitácora

　　　　　　　rabiosa

　　　　　　　　　y

　　　　　　　　　apasionada

　　　　　　sobre

　　　la

　　　　búsqueda

　　　　　　　del

　　　　　　　　　ser

　　　　　　　y

　　　　　la

　　　　esencia

　　　　　　de

　　　　　　　uno

　　　　　　　mismo.

UNA CUESTIÓN DE ALTURAS.

Nota de Remisión

FECHA_____ DEL 20

SR.(S)_____

DIRECCION_____

REMITO_____

CANT	ARTIC		PRECIO	IMPORTE

En el sueño, un centauro lanzó una flecha al ojo del sol. Hermes iba corriendo junto a él, y mientras trataban de alcanzarla, perdieron la tierra al caer a un pantano. Una criatura de coraza escamosa emergió de la oscuridad. Era una criatura que parecía formada por los pensamientos más terribles y perversos del hombre, la coraza escamosa abrió lentamente sus fauces y comenzó a devorarlos. Mientras ambos de manera inútil, trataban de escapar.

ALFA) La afirmación: -Le temo a las alturas- es una gran verdad. Cada vez que me he encontrado apoyado en una superficie alejado por decenas de metros del nivel del suelo, mis pelotas amedrentadas por la altura se atropellan así mismas, buscando refugio más arriba de la pelvis. Sí, me atemorizan las alturas.

Pero.
Algo pasó aquél día, cuando en una mis excursiones al centro de la ciudad, en busca de algo de hierba, para satisfacer uno de mis deseos hedonistas de miércoles, me topé al rasta. Entonces supe de qué iba su energía vital, su energía mental por así decirlo. De todas las posibilidades que un ser humano puede escoger para ser útil dentro del sistema, o al menos dentro de su propio sistema, el rasta optó por graduarse de técnico lavacoches, con postgrado en tráfico de drogas ligeras en las inmediaciones de los estacionamientos. Desde que lo conozco se ha pasado viviendo en las bancas de los parques, o en las banquetas de las grandes avenidas, jamás pide dinero a menos que se lo haya ganado, limpiando un coche por aquí o por allá, y en las incontables ocasiones en las que las droga corre de un lado a otro entre las pestañas de los árboles de alguno de los parques. Ha sido él quien actúa de vigía por si la patrulla pasa cerca. –No me hacen nada, carnalito, los puercos jajejijoju!- Alguna vez me lo confesó entre tosidos roncos provocados por el humo de la hierba modificada en laboratorios caseros de los cuáles no tenemos ni idea, ni mucho menos nos importa. En una ocasión surgió junto con él la rutina del más placoso. Consistía (toda vez que una transacción de tóxico se estuviera llevando acabo o en su defecto, su consumo) en hacer de presa

y distracción, al ser el individuo que más llamaba la atención dentro de un grupo de mugrosos con aliento a perro, debido su apariencia de vago. El rasta gritaba, brincaba y realizaba piruetas torpes en dirección de los *cerdos* para permitir que los clientes tuviéramos oportunidad de marcharnos, carrera de por medio, sin mayores contratiempos. Cruzo la avenida en luz roja para los autos y camino observando las caras de los conductores de la ciudad que reduelen su neurosis transfiriéndola atrás de un volante, agudos cláxones y un rechinar de muelas a las dos y treinta de la tarde. Una jabalina de luz reflejada se divide atravesando mis pupilas, todas las caras desaparecen junto con el hálito del sol. Colores. Colores de distintas clases y luego su ausencia. Me detengo un momento antes de pisar la acera, lentamente, de nuevo, llegan la luz y las imágenes. Las formas reaparecen, y mientras el rasta da las últimas mordidas su tostada de cueritos le voy:

-Tons qué rastaman.
-Nada carnalito aquí nomás en lo de siempre.

Rasta es un vago de los estacionamientos, duerme y trabaja en los parques cercanos de las colonias del centro de la ciudad. Unas semanas está por aquí, otras andará en algún otro de su predilección, porque nada lo ata, vive libre de la moral del pecado en un mundo de pecadores, pero no se le crea que es un santo, el greñudo este es ante todo un espectáculo de locura. El hombrecillo moreno es un simple loco que hace rimas burlonas, transmitiendo su conocimiento a través de improvisados versos, motivados por la droga y la decadencia de la que es testigo todos los días. El medio menos lógico para la estrecha mente del hombre.

Voy y le escupo discretamente:
-¿Eh que tú no traes mota?
-Uy no mota no, yo no le hago a eso. Eso te deja pendejo mi carnalito güero güero con ojales de azulejo.

Lo dice tan convincentemente ejerciendo el poder que da el derecho de la risa abrumadora, que le creo. Pero mientras considero la segunda opción, él se exalta de nuevo mostrando sus ojos enrojecidos, vidriosos, producto de inhalaciones recientes. Así que mi fe en sus palabras se ve corrompida.

–Ah no te hagas si hasta que se puede ver que estaba bien chida.
– ¡Jajejijojujujojejija!

—Jaja estás bien pinche zafado rastita.

—Soy tu espejo y te reflejo, en el estado en el que estás alguien desciende de los cielos para jalar de tus cabellos, reprochando el desperdicio de la vida del vigía. A que no te animas a subirte a esa rama.

– ¿Cuál rama?

—Esa de ahí, la primera de aquí para allá, esa ¿la ves?

—Sí ya la vi pero no me quiero subir, lo que quiero es mota.

– ¿Ah sí quieres mota? Yo te consigo mota y gratis, de la mota que no has probado, te pone así mira bien locote la Maris esa, claro sólo si te subes a la rama, yo una vez me subí si yo pude tu también ¿no? Mírame, yo ya estoy ruco carnal, sesenta años carnal y la otra sema todavía me pude subir al árbol.

– ¿Gratis mi cabrón?

Me gustan los árboles incluso treparlos hasta una distancia segura, pero el hecho de tener que subir tan alto, me afecta el pulso, la maldita altura, la caída inminente, la…

– Gratis carnal, mota gratis, un churro pa´ ti solito carnal pa´ ti y tu descendencia.

– ¿Pero va de a gratis mi cabrón?

– Is barniz.

– Ya está pues a ver, voy.

El sólo hecho de pensar que tendré que dejar la estabilidad del suelo y subir a un árbol de veinticinco a treinta metros de altura por algo de marihuana, es ridículo. ¿Para qué todo este desagradable acto circense, es acaso tan impositiva mi necesidad de consumo? Parece ser que sí. Alguien debería estar grabando el dificultoso ascenso con su teléfono celular, para que en caso de caerme, suban el video a alguna de esas páginas del internet que cuentan con un contador de vistas de siete dígitos. Material exclusivo para morbosos. Sin embargo el jugueteo este se antoja alentador, un cuadro patético como un chimpancé yendo en busca de bananos de plástico, balanceándose entre estructuras de granito. A ver, digamos que subiré por aquí y luego por ahí, para alcanzar a balancearme y llegar hasta acá, muy bien. Llego a la primera rama con mucho esfuerzo a escasos tres metros del suelo.

Le suelto al rasta:

– ¿A esta te habías subido?

– A ver déjame ver, ¿es la primera?

– Sí es la primera.

– No se me hace que no ¿eh? Se me hace que llegué más lejos hasta la otra de allá.

– ¿Cuál?

–Esa mírala, la que está después del cogollo carnal, ¿la ves?

– Ah sí a ver espérame.

Ahora como fluido nos escapamos y nos encontramos a diez metro del suelo.

– Ándale esa ¿o no? A ver carnalito deja acordarme si es ahí o no, a ver no, es la de tu izquierda ¿ya la viste? Es esa se me hace que sí es esa.

– ¿Esta? Bueno mi rasta ya decídete.

– No sí es esa estoy seguro, bien seguro.

Me confirma el cabrón este del rasta con una mueca seria y concentrada.

– Va.

Veinte metros, alejado del suelo, con todas las dificultades necesarias para el arribo.

– ¿Aquí?

– Eso mero... no no, no te dije a esa te dije a la otra, luego carnal ¿no oyes eda? Es la de allá.

– No mames rasta si oigo y bien, esa que dices está casi hasta la punta, no mames primero que era esa y luego que no y la otra tampoco ¿qué pedo pues?

– Ya, estoy seguro de que es esa.

– Ay cabrón tan mentiroso... a ver espérame.

Treinta metros, mínimo, me resbalo y caigo desenhebrado, listo para que los chacales de baja frecuencia, que deambulan en el parque por una moneda, me coman. Pero llego a salvo, treinta metros ¡uff! Es un paraje inesperado que no se lee entre las ramas hacia abajo, de modo que si caes puedes esperar retenes misericordiosos hechos de ramas o follaje estrellándose directamente contra tus miembros. Y estos insectos que no dejan de caminar por mi cabeza. Miro hacia abajo buscando al rasta que no aparece por ningún lado, trato de adoptar una posición cómoda a esa altura e intento suprimir el abundante sudor de mis manos frotándolas contra mis pantalones mugrosos.

Luego de un momento me encuentro haciendo cálculos aproximados de toda la ecuación:

Factor S (sudor)+ Factor M (manos)= Factor MS (manos sudorosas).

Factor MS + Factor T (tiemblo)= Factor MST (manos sudorosas con temblores)

Factor MST + Factor AIPCC (altura inestable con posibilidades de caer conocibles)

Resultado final de toda la ecuación (el orden de los factores no altera el producto):

MST+AIPCC= Estar jodidamente muerto de una buena vez.

– ¡Rasta, rasta, ya llegué… ¡¿Rasta, dónde estás cabrón?!

El apestoso no contesta.

Me quedo aquí un rato, hasta logar un estado de relajación que me permita conocer la altura, los insectos chocan contra mis piernas recogidas, intentan varias salidas pero al final se convencen de subir a la hoja que mi mano les ofrece a manera de elevador. Damas y caballeros hemos llegado, trigésimo piso, bajaaaan. Ahora confirmo la naturaleza de la naturaleza. Ya veo al apestoso del otro lado del parque. Bajo lentamente, primero, luego intento torpes brincos entre las ramas, alcances y afortunadas salvadas del suelo, hay raspaduras y latigazos en los ojos y tatuajes autoinducidos en brazos y piernas, provocados por el choque con la corteza del árbol, pero me conforta pensar en los ancianos que nos antecedieron hace varios millones años y dieron los primeros pasos y que yo fui uno de ellos… ¡ea! me caigo, casi me caigo, ¡uff! Mejor me concentro en lo que hago o reviento allá abajo. No me importa lo que digan esos pedófilos de la iglesia católica apostólica romana, Darwin tenía razón. Llego al suelo, veo al rasta platicando con unos skatos. Quiero ponerle unos madrazos cuando voltea y me tira:

– ¿Qué tal estuvo la motita carnal chingona no? De esta no te venden ni te regalan en ningún lado más que aquí. Te lo dije de a gratis, de-a-gra-tis, la mota va muy lento en la moto del alma carnal, así (lo dice juntando las sucias uñas del índice y el pulgar de la mano derecha), pero es cosita de nada, la sincronización del tiempo es fundamental, no desperdicies lo que te queda mi motorolo, no lo desperdicies ¡jajejijojujujojejija!

Voltea de nuevo hacia los skatos que no paran de practicar. Mientras unos son evangelizados por la lengua callejera del rasta, otros en cambio están luchando con el backflip y el ollie. Miro el árbol, miro al rasta, miro a los chacales de baja frecuencia y me largo con un sentimiento de haber sido burlado, de haber sido puesto a prueba y con la adrenalina aún a tope. Al parecer mi necesidad de fumar ha desaparecido casi por completo… para nada, lo único que tengo en la cabeza en este preciso instante es conseguir algo de hierba para celebrar mi semipérdida del temor a las alturas.

BETA) Confesión: Estoy desconcertado, esto no tiene la menor duda. Es verdad, el conocimiento te cae a baldazos de agua fría, a veces, a veces, otras es tan tibio que le pasas de largo, se va de ti sin tocarte, sin apenas hacer mella en nada, pero bueno, hoy trepé a un jodido árbol de treinta metros y a pesar del sudor y el miedo, llegué a la copa. Comienza la búsqueda.

Y DIME ¿TÚ QUÉ VES? (1).

Nota de Remisión

FECHA_____ DEL 20___

SR.(S)_____

DIRECCIÓN_____

REMITO A UD.(S) LO SIGUIENTE:

CANT	A R T Í C U L O S	P R E C I O	IMPORTE

Su cara semeja un parlanchín castor obeso, tuerto del ojo izquierdo, sus dientes podridos desprenden un aliento con aroma a piedra de cocaína recién cocinada, de nuevo no escucho lo que dice, pero veo sus labios que se mueven increíblemente rápido al igual que esa lengua llena de cortaduras por todos lados, relamiendo el sarro incrustado entre el nacimiento de sus dientes y las encías sangrantes. Entonces se detiene su lengua, se detienen sus labios, se detienen sus dientes, se detuvo su boca. Todo él y su cara peluda de castor se transforma otra vez en él. Noté que lo que parecía ser un ojo tuerto en su rostro, era un reflejo en el mío, era como una mancha, una descoloración blanquecina en el iris de mi ojo derecho, que últimamente había aparecido por la exposición al vapor de la cocina...

– Entonces... ¿me oyes, me oyes? ¡Hey!
– ¿Eh?
– Que si me oyes ¿estás aquí?
– ¿Eh? ¿Qué? Sí.
– ¿Qué clase de sueños tienes ahora? Al parecer dejaste de ponerle atención a tus sueños hace bastante tiempo pero algo me dice que esta repentina atención tuya se debe a alguna necesidad no expresada.
– (...)

... Es sólo que me gusta ver cuando se evapora el líquido para dar paso a una roca diminuta de material blanquecino, un momento alquímico, una mezcla acuosa que en segundos se transforma en algo compacto y luego, ese lado oscuro y convexo que tiene la cuchara ¡Ahhhh siiiií! El encendedor me quema el pulgar...

– Oye ¿estás bien?

– ¿Eh Mmm es sólo qqqueeee ahmm nhnnhn ehm, tiennn-ne un poco de agua?
– Si espera, toma.
–Gracias.

– Si no te sientes bien podemos continuar en otra sesión.

– ¿Eh qué? No, quiero contarle de mis sueños recientes lo que he estado soñando ahora.

– ¿Seguro?

–Sí.

–Muy bien dime qué sueñas.

–En el primero, estoy en las ruinas de un edificio de apartamentos que nunca fue terminado de construir, se puede ver el cableado cubriendo como enredaderas los inmensos salones, algunos tienen puertas desvencijadas, ¿sabe cuáles son esas puertas que tienen un pequeño vidrio redondo a la altura de los ojos que sirven para ver lo que hay dentro, como esos vidrios de manicomio? Pues de esas hablo, es de noche y donde quiera que camino no llego a ningún lado, el edificio parece alejarse poco a poco para luego desaparecer del todo, pasados unos momentos en medio de la oscuridad aparece un punto de luz ante mí que se va agrandando hasta dar paso al edificio que se encuentra tan cerca como si no hubiese andado un solo paso. No hay gente alrededor, pero se escucha llanto de niños, camino un poco, llego al tercer piso, y justo antes de llegar a las escaleras que llevan a la azotea, en la esquina derecha del edificio, veo un cíclope horripilante que no había visto desde que era pequeño, el cíclope se alimenta de una masa rosada y sanguinolenta, levanta del pie a uno de los niños, soy yo mismo a los cinco años, abre la boca y traga de golpe a ese niño que ya no soy yo. El cíclope voltea hacia dónde estoy, resopla, viene con una cimitarra repitiendo una frase en lengua extraña que no logro comprender, el miedo me hace bajar las escaleras tan rápido como puedo, llego al segundo piso me meto en un salón y me escondo bajo el vidrio, pegado a la puerta, para que cuando asome el ojo único no me vea, entonces oigo la cimitarra que avanza detrás de la puerta y luego se aleja, así que echo una ojeada por debajo, no lo veo y salgo corriendo rumbo al primer piso, me meto en los baños grises cubiertos de hiedra metálica, me encierro en uno de ellos rogando que el maldito no me encuentre, pero oigo la cimitarra respirar atrás de la puerta, el cíclope grita algo pero nuevamente no lo entiendo, la puerta se abre de golpe y grita –*¡Licébmi it a etnerf!* Acerca el ojo inmenso, el ojo único a mi cara, abre la boca, se transforma en un reptil, la sangre le escurre por las comisuras, me enseña las encías negras pobladas por colmillos porosos y astillados, a punto de morderme me despierto sobresaltado sudando con el pulso a tope. ¿Qué me dice?

– ¿Aquí termina?

–Sí.

– ¿Quieres hablarme del otro sueño?

– ¿Del otro?

–Así es.

– ¿Pero qué hay de este?

–Ahora lo retomaremos pero primero necesito encontrar el hilo si es que lo hay entre los dos ¿bien?

–Supongo.

–En el otro estoy en una cascada circundada de megalitos y un pequeño banco de arena, entonces emergemos del fondo un enorme cocodrilo y yo, estamos luchando, nos hundimos de nuevo sólo para volver salir de las aguas violentamente, nos sumergimos otra vez, estoy ahí aguantando la respiración, él se mueve con esos giros de la muerte que les llaman, me aferro con mis piernas y brazos a lo largo de su cuerpo, lo atenazo con las piernas para de algún modo poder sofocarlo, él se cansa, mis pulmones están apunto de colapsar, subimos a la superficie, cansados, lo tomo de las mandíbulas sólo para recibir un latigazo de su cola, mi carne se abre, voy de nuevo por las mandíbulas, otra sacudida de su cola pero no desisto, las expando más allá de sus límites hasta que ceden las articulaciones, rompo su arma, mato al cocodrilo, lo arrastro por la cola hasta la orilla, el ojo de agua ha cambiado su color transparente por un café enrojecido, me tiro al suelo totalmente exhausto, me levanto por un momento y voy hacia la cascada, la cruzo y estoy en mi viejo barrio en los apartamentos, avanzo entre ellos, me dan ganas de orinar, veo a tres niños, dos de ellos son mis mejores amigos de la infancia y yo mismo de unos diez años a lo mucho, me sonríen, suelto una carcajada y voy hacia el cocodrilo donde me saco el pito y me pongo a orinar, la sangre se mezcla con la orina, ahí termina… no espere hay algo más.

–Dime.

–Hay otra versión del sueño.

–Te escucho.

–En la otra versión del sueño, todo sucede exactamente igual, lo único que cambia es el final, pues el cocodrilo me devora a mí y a mis amigos, luego desaparece en el fondo.

–Muy bien dime una cosa, ¿cómo es la relación con tu padre?

– ¿Qué?

–Sí, cuéntame la relación que llevas con tu padre.

–No quiero hablar de eso.

…Una lenta y profunda inhalación hacia el fondo de los pulmones de cama elástica, que rebotan el humo con velocidad suficiente para callar el razonamiento, y rodillazo directo en las sienes del sistema nervioso…

– ¿Porqué?

–Simplemente no deseo hablar de eso, ni de él.

– Muy bien y ¿qué hay de tu madre?

– Fue una gran madre, soportó mucho tiempo a mi padre hasta que… ahora está muerta, hará cinco años que murió.

…Que se colapsa con gran placer, euforia de mañana de cielo sucio y alcantarillado, la piedra se esfuma y mientras levito me pregunto, que si en verdad se ha muerto su presencia, que si verdaderamente se ha ido del todo mi madre.

– Ya veo y ¿la extrañas?

– Era mi madre, ¿quién no extrañaría a su madre cuando ha muerto? Aguantó durante años su maldito alcoholismo y sus abusos y él solamente cayó enfermo, ¡enfermo! ¿Puede creerlo? ¡Enfermo!, ¿porqué no se fue al diablo?… ya le dije que no voy a hablar de él.

– Alguna vez hablaste con él sobre cómo te sentías sobre la situación.

– No se podía hablar con él cuando estaba sobrio, y cuando bebía se la pasaba llorando, o haciéndonos una mierda la vida. El solo recordar me está haciendo sentir miserable, no quiero hablar más de esto.

– Muy bien, aquí comienzas, tráeme tu próximo sueño el jueves, ese será el pago por la consulta.

Y DIME ¿TÚ QUÉ VES? (2).

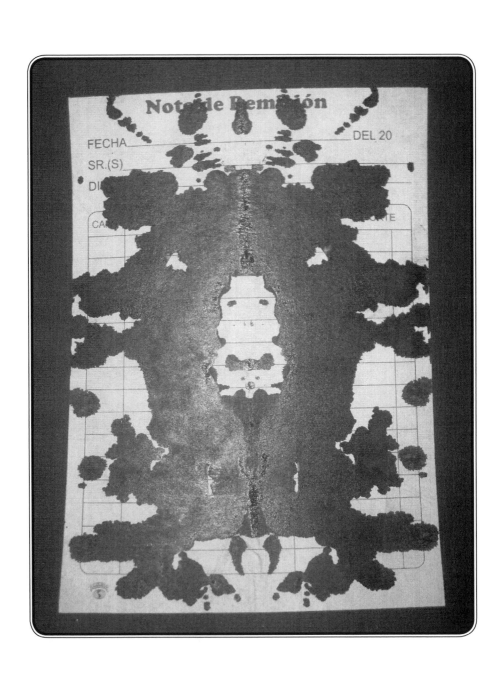

Jueves cuatro pe eme.

–Buenas tardes vengo a consulta.
–Un momento por favor, ¿trae el pago?
–Se refiere al sueño, sí, sí lo traigo.

Habla por el interfón y aquí viene otra vez este escalofrío en la yema de mis dedos, ojala fuera en otra parte, eso siempre pienso cuando tengo un accidente, algo que me oprime, no por dentro sino por fuera, un tobillo roto, una fractura en el codo o la muñeca o un dislocamiento de hombro, siempre deseando que fuera en otra latitud de mi geografía. Mis dedos empiezan a temblar entre el inicio de la uña y la huella digital, entonces deseo estar en el momento de la vida de alguien más, no de yo siendo ese alguien más como un actor y eso, sino siendo yo con esas cualidades irremediablemente ajenas, estúpidas, fantasiosas.

–Puede pasar, nada más que se ha cambiado de consultorio, la terapia se llevará a cabo en ese de ahí.
–Gracias.

Puerta cerrada ¡Toc Toc! ¡Toc! ¡Toc! Hablo a través de ella.

–La puerta.
– ¿Síí?
–Está cerrada.
– ¿Y?
–No puedo entrar.
–Oh lo entiendo, ¿ves esa ventana a tu izquierda?
–Sí.
–Pues, ahí tienes tu entrada.
–No voy a salir por la ventana, abra la puerta ya.

—Mira, necesito que llegues por ahí pues la puerta de la entrada se atascó y no abre.

– ¿Qué dice?

—Digo que no existe otra manera de entrar más que esa.

—Pero, oiga ¿qué clase de sesión es está?

Voy hacia la puerta, la intento empujar pero no cede, lo intento de nuevo pero es en vano, al parecer el marco se ha hinchado y la cerradura no piensa moverse un solo milímetro. Volteo con la secretaria que levanta los hombros en señal de no saber absolutamente nada del asunto. Por alguna extraña razón el rasta me viene a la cabeza. Saco mi cabeza por la ventana. Tiemblo, las manos me sudan, qué más da voy a intentarlo.

—Está bien lo voy a hacer, ¿me oye? lo voy a hacer.

—Muy bien, aquí te espero.

Abro la ventana, está muy alto, me viene un mareo, desde esta vista horizontal me tiemblan las piernas, ni siquiera he dado un paso, veinte pisos fácilmente, me caigo y reviento como lata de conserva. Es lo mismo que con el rasta, es exactamente lo mismo que con el rasta, así que no hay porque preocuparse… Pero no, no es lo mismo, apenas la salir un ventarrón me saca de balance y quedo colgando del marco de la ventana con las yemas de mis dedos. ¡Buenos días adrenalina qué bien que has llegado! Avanzo a pasitos a través del dintel y las columnas que conforman la fachada el edificio. En la esquina opuesta las palomas se espulgan las alas y el cuello, luego sobrevuelan para cagarse sobre las cabezas de la gente. ¡Me caigo! Puta madre casi me caigo, creo que mejor regreso y me largo de este lugar, ahora no puedo voltearme el espacio es demasiado reducido si me voy de reversa no veré el camino y ahí sí quién sabe lo que pueda pasar. Psicólogo de porquería porqué no se busca otro consultorio que sí funcione como se debe, qué es esto de poner a los pacientes a hacerla de equilibristas, que se vaya a la chingada… Bueno ya empecé esto, así que ahora lo acabo. Llego a la ventana del consultorio y el cabroncete este me está esperando cogido de un paraguas atrás del vidrio de la ventana, con una puta sonrisa de oreja a oreja.

—Ábrame.

—Bienvenido, muy bien, pero me fije que no has cerrado los ojos.

– ¿Qué?

–Debo pedirte que cierres tus ojos.
–Me caería.

Me parece oírle decir:
A dónde crees que te vas a caer si ya estas en lo más bajo, además lo que no importa es la caída sino el aterrizaje, además esto parte de la terapia. Pero en realidad sólo dijo:

–Es parte de la terapia.

Una terapia a cincuenta y pico metros de altura, vaya cosa. *Eh Freud ¿Le sigo el juego a este? ¡Komm alter, denk nicht lange drüber nach! ¿Qué dijiste? No entendí. Oh sí disculpa, sólo decía: ¡Venga cabrón no lo pienses demasiado!*

Voy hacia atrás sobre mis gateos, al inicio, cierro mis ojos y ando de nuevo hasta donde está él. Ahora estamos los dos afuera haciendo equilibrio en el saliente.

Me suelta:
– ¿Traes el sueño?
–Sí.
–Comienza.
–Pero cómo, si me suelto para agarrar el papel me caigo.
–No te caes.
–Cómo no me voy a caer, si hace un momento…
–No te caes mira.

Exhala profundamente la palabra *Ram* y deja caer su cuerpo de manera horizontal a la perpendicular del muro del edificio. Regresa.

–Ves te dije que no te caes.
–¿¿¿…???
–Vamos pues, cuéntamelo de memoria.
–¿¿¿…???
– ¡Anda ya!
–So-soy un rey que hizo un decreto experimental co-con cien bebés recién nacidos. Laaaaa servidumbre los alimentaba y limpiaba pero sin producir sonido alguno mientras se encontraban en la habitación, de-después de unos cuantos días todos esos bebes murieron, vi la pena y el odio en la cara

de esas personas que no me hacían nada po-por ser el rey pero se les notaba que querían matarme.
–Entra al cuarto, pero antes debes descalzarte.
– ¿Para qué quiere que me descalce?
–…

Se introduce, parece flotar con el paraguas. Echo una ojeada hacia bajo viendo la gente pasar. Entonces cierro los ojos y doy el último paso a ciegas, dejo mis zapatos bajo la ventana, la cierro. Entro al cuarto al parecer recién pintado de blanco, el lugar está completamente vacío salvo por dos objetos. En eso me tira:
– ¿Porqué no entraste por la puerta?
–Porque no me abrió.
– ¿Y qué no sabes forzar puertas y romperlas a patadas? Olvida todo, cuando una puerta se cierra…
– ¿… una ventana se abre?
–Excelente.

Entonces agarra un mazo enorme y me insta a que tome otro que hay por allí, y le estamos dando duro a la destrucción. Destrucción, bendita destrucción, alma mater de mis nuevas pulsiones emocionales, alimentarias, psíquicas, sexuales. Terminamos.

De lo siguiente no estoy del todo seguro si sucedió sólo en mi cabeza, o si ocurrió realmente, pero el caso es que me tomó violentamente por el cuello de la camiseta, apuntó su dedo en mi frente como si hablara con mi cerebro y soltó:

– ¡Y tú, sí tu, no sigas oyendo esto, no al menos de un manera anti participativa, eres terco y pusilánime, esto no es algo para que te sientas identificado, esto es algo para que te cortes los güevos, te saques los ojos y te comas tu lengua, esto no es algo para voyeurs, esto es la entrada al Minos, el laberinto de las delicias de la locura!
–¿¿¿…???

A medio camino de mi ofuscamiento con sabor a incertidumbre, prosiguió calmada y pausadamente.

–Señorita llame por favor para que repongan esta puerta, gracias, y tú, construye una cama con cien clavos y duerme sobre ella, observa tu primer sueño, descífralo tú mismo. A partir de ahora tendrás que reflexionar sobre tus sueños apenas despiertes, ve si existe un hilo conductor entre cada uno y por qué caminos te van llevando, recuerda que debes hacerlo apenas despiertes. Esta será la condición para que logres encontrar lo que andas buscando. Mira muchacho ¿Quieres un diagnóstico? Pues aquí va tu diagnóstico, tú no necesitas terapia psicológica, lo que necesitas es andar por la tierra, volver a la tierra iniciar la búsqueda. Escúchame tendrás que viajar¡¡¡Viaja, VIAJA, VIAJAJA, VIAjajajaJAJAJAJAjajaJAJAJAjajajajaajajaja jajJAJAJAJAJAJAjajajAJjaJAjajaAJajA!!!…! No tengo nada más que enseñarte ni que decirte, por ahora, vete estás listo, regresarás al principio cuando hayas encontrado tus raíces.

–¿¿¿…???

Cruza el marco de la puerta y así descalzo le dice algo al oído a la secretaria que se ha cambiado las ropas por las de un mimo. Ella se desnuda con gran ceremonia frente a los que están en la sala de espera, que también tienen la cara pintada de blanco, dobla su ropa, va al centro de la sala se acomoda en cuclillas y se pone a cagar dibujando una espiral con la mierda, luego con las nalgas al aire simula una carcajada con su culo pastoso, los otros emulan carcajadas silentes, luego desaparece en el pasillo.

Eh Freud ¿Qué fue esto? Nadie contesta.

CONCEPCIÓN DEL SUEÑO FAKIR 100.

Nota de Remisión

FECHA_____ EL 20

SR.(S)_____

DIRECCION_____

_____ A UD.(S) LO SIGU_____

CANT	A____ÍCULO	_____O	IMPORTE

Voy clavando clavos (treinta y nueve) de doce pulgadas sobre maderos lijados, limpios de lama verdosa, pasados por el fuego para limpiar las telarañas, los formones han hecho lo suyo con los huevecillos de ortóptero, saltamontes, viudas negras, pupas secas, el punzón atestigua la huída de la horda de cochinillas. Voy clavando clavos (setenta y siete) de reducción concreta, sobre maderos frotados con lijas de grano grueso, escarabajos, mariquitas, gusanos lijos mastican la hierba húmeda. Voy clavando clavos (noventa y tres) voy martillando clavos (noventa y seis). Anoche vi una cucaracha que temblaba sobre su coraza, bajo ella había un huevo, lo aplasté y ella soltó un alarido, luego se ha muerto. Martillo el clavo número cien. Hora de limpiar los viejos pecados de la ignorancia genealógica.

El templario va de escape, su caballería ha sido deshecha a filo de estoques profanos, desde la noche anterior a las piras que iluminan la oscuridad de la era. Hoy 18 de marzo de 1314, el último caballero de la legión, ha quedado completamente solo. Un caballero con rostro de sangre, arroja su brava montura sobre el último recurso de escape del templario. Las patas de su caballo se han quebrado de golpe, el yelmo rueda colina abajo, cae al escampado de las cuatro y cuarenta y cinco de la madrugada, más de mil años después de los tiempos de nuestro santísimo señor. Los cuerpos cercenados de los caballeros de la orden, adoquinan intermitentemente los pastos alimentados con sangre. Otros más caen convertidos en ceniza que el viento se ha llevado como ecos. El símbolo cae. Mientras empuña su espada, una temible maza abolla su armadura rompiéndole las costillas. El estoque de la máscara de sangre le da en los antebrazos que caen envueltos en seda rojiza y plata, la hora es fiel, se convertirá en el testigo veraz su verdugo, al cual verá en la siguiente vida o la que siga de la que siga. La máscara de sangre remueve su yelmo, el templario no lo puede creer, es él, el hombre con barba y cabello largos. El hombre que solía vestir la túnica que fue cortada a latigazos, para luego ser expuesto en el monte de las tres cruces de la vergüenza. El templario musita algo inaudible y se santigua mirando al hombre de barba y las sandalias. Una lanza que escarba en su costado izquierdo asegurándose de que por ahí va el corazón, ha dejado la marca indeleble de los cobros de kármicos en las centurias por venir. El símbolo cae pero la era continúa.

He despertado en medio de sudoraciones abundantes, ¿por qué lloran mis ojos? Miro bajo mi axila izquierda, le brota sangre, hay una llaga morada de nacimiento, áspera, cubierta de vello, esta marca nos ha seguido a mi abuelo, a mi padre, y a mí y sabrá el universo por cuántas generaciones más en los siglos caídos. No tengo idea de su significado pero siento que conmigo se acaba esta salación, ya va siendo hora de cortar los lazos del tiempo antiguo.

El lenguaje de los sueños, un gerbo mal adiestrado que se caga en las expectativas del pensamiento lógico.

WADLEY.

Nota de Remisión

FECHA _____ DEL 20 __

SR.(S) _____

DIRECCIÓN _____

REMITO A UD. (S) LO SIGUIENTE

CANT	ARTICULO	PRECIO	IMPORTE

He viajado durante dieciséis horas para llegar al desierto de Wadley. Wadley es un pequeño pueblo con casas hechas de adobe, es un lugar silencioso que la mayor parte del día parecería que fuera un pueblo fantasma tan solo habitado por perros. Rento un cuartucho de veinte pesos la noche y dejo mi maleta, solo cargo con la casa de campaña. Pregunto algunas direcciones y me dirijo hacia el desierto.

He salido de Las Margaritas, que es un pequeño oasis en medio de las zarzas del desierto, una mujer del pueblo me trajo ayer por la tarde, cuando el sol se resbalaba de las montañas para caer hasta el fondo. Luego ella continuó su travesía hacia quien sabe qué lugar. A Margaritas la conforman unos cuantos árboles que hacen de barricada contra el sol y la arena, por el frente tiene un pequeño lago y una duna aparentemente compacta. Dormí durante toda la noche, he levantado mi tienda de campaña y me he vuelto a quedar dormido por el hambre, la mujer que me trajo dijo que es bueno hacer ayuno antes de ingerir el peyote, que es la razón primordial por la cual he venido a este ignoto lugar alejado del bullicio citadino.

En la desolación del desierto.
Un sátiro toca su flauta.

Vi un sátiro en el desierto, venía con la cara cubierta por un sombrero que caía al frente, me preguntó si estaba perdido, le dije que no, que sabía hacía dónde iba. Él ya sabía que yo estaba perdido mucho antes de habérmelo preguntado, pero a mí me tomó tiempo darme cuenta de que mi camino iba ya errado, por el momento sólo tengo la improvisación de mi lado, porque sin eso el monstruo de los pantanos termina por llevarte mucho más profundo de lo que esperabas llegar en un principio. No te asustes, me dice, esto apenas comienza, todavía no has visto lo que realmente te va a colgar el alma a la sombra, espera por los ganchos, espérame para mostrarte los garfios que lo cambian todo, tu perspectiva vital, ya lo verás. Sileno el sátiro se calla mientras saca de su morral una flauta de pan, se pone a tocar música muy vieja, de los tiempos de cuando los centauros aún tenían hembras centauro para continuar la estirpe, de cuando los sátiros acudían al vino para embriagar a las ninfas y así obtener algo de ellas. Termina. Dibuja en la tierra símbolos arcaicos que no comprendo, luego señala con la extensión de su madera agujerada un punto en medio de mis cejas y uno más en el horizonte, sus patas de cabra pisotean la tierra donde yacían los conjuros, entonces se lanza al trote y desaparece entre las zarzas. Se va dejando los complejos de mi pérdida en el desierto. Lo escuché durante horas Clotos, horas Láquesis, ahora me ha dejado con el sol de medio día y Átropos espiando por sobre mi hombro.

Discuten Las Moiras:

Clotos.- Jijiji
Láquesis.- ¿Y si lo matamos?
Clotos.- Jijiji sí y si lo matamos.
Átropos.- ¿Al pendejo este? Por ahora no vale la pena, veamos que hace con el tiempo que le queda.
Clotos.- Jijiji
Láquesis.- Sí, Clotos estúpida risueña, ¿cuál es la profecia?
Clotos.- Este eres tú, jijiji.

Se van Las Moiras.

Temprano por la mañana recojo mis cosas y me preparo para el viaje de regreso. Mis pasos pesan mucho más que cuando salí de Las Margaritas, sin agua, sin comida, sin sentido de orientación, lo cual me ha llevado por caminos que no reconozco haber andado ayer cuando la mujer del pueblo me dejó aquí, no, allá en Margaritas que ahora tampoco he encontrado cuando anduve sobre mis pasos hace demasiadas horas bajo el sol. Todo parece igual, lo mismo, pero no es así, eso en el desierto desconocido no es buen augurio. Sileno el sátiro me distrajo o me engañó, me ha puesto a prueba continuamente. Cada zarza parece igual a la que le ha antecedido, no, no, no, dónde estoy ¿dónde estoy? puta madre dónde estoy, voy sobre mis pasos de nuevo hacia atrás, pero, ¿hacia dónde? a ver calmémonos, al sátiro lo encontré, en…. Ah sí fue enseguida después de dejar Margaritas, ¿hacia la izquierda o hacia la derecha? Izquierda, no no no, derecha, sí, derecha luego caminamos mientras hablaba de tener cuidado con comer demasiado peyote o comerlo porque sí, sin ningún respeto. – Todo aquí (señaló mi estómago) nada aquí (señala las bolsas del pantalón) sólo así se debe honrar el hikuri, no es para llevar, es para comer aquí, lo que te enseñe te lo llevas pero él se queda aquí. Le dije que sólo comí un poco y después vomité, entonces sonó un cuerno de toro que tenía cráneos pequeños engarzados, eran tan pequeños que parecían de niños y los niños gritaban cada vez que el sonido ronco del cuerno los asustaba. Un grupo de sátiros apareció de la nada bailando en círculo, y así como aparecieron, sus siluetas se alejaban y desvanecían con los rayos del sol. Estoy desvariando. Luego se esfumó, el sátiro digo, se fue corriendo hacia el horizonte, hacia algo que me pareció eran montañas, la criatura era una visión a contraluz, recortado por sus bordes color dorado. Ahora veamos, nos fuimos… ¡Ah qué calor!, no sé dónde voy, no sé a dónde voy.

Más horas caminando bajo el sol, completamente deshidratado, algo viene allá muy lejos todavía para distinguirlo con mi visión de topo, pero viene rápido moviendo la tierra, ¿es una ventisca? No, un carro, no, un camión, un camión de la coca cola, ¿qué? ¿Qué diablos hace un camión de la coca cola en medio del desierto? Por más que esto parezca sacado de un puto comercial es real, estoy viendo un camión de refrescos y viene hacia mí, le hago señas para que se detenga y me lleve al pueblo más cercano, eso es, ya me han visto, me sonríe el conductor y el acompañante, eso es, ¡hey alto, alto, eso es, sí, hey hey hey alto hey deténganse hey hey hey! ¿Por qué sonríen? ¡Hey hey hey deténganse hijos de puta deténganse, hey cabrones de mierda, deténganse culeros deténganse por favor, por favor deténganse, por favor!… se han ido.

Y desde entonces no he vuelto a tomar ese puto refresco.

Sigo perdido durante un par de horas más hasta que me encuentro con una vía de tren. Cualquier camino es bueno cuando no tienes ningún camino. Así que me toma una hora llegar al pueblo, llego a una tienda pensando en comprar agua pero antes de entrar, la banqueta de la calle me seduce y me tiro a dormir. He despertado de noche, el dinero al menos sigue en la bolsa, aquí nadie te roba, buena cosa cuando no has comido ni bebido nada, salvo hikuri, en más de un día. Entro y compro agua, al salir me han dicho que hay una fiesta en honor de la luna llena organizada por unos italianos, que regalan comida, cerveza, marihuana y música a cambio de buena onda y lo que puedas llevar. Entro al lugar que parece un taller mecánico acondicionado a manera de casa donde se rentan cuartos, la música ya suena, percusión africana, la marihuana aromatiza el lugar, bien. Hay comida en una mesa, así que dejo el par de six que he comprado. En la mesa hay cuatro clases de pasta, pizza y unos bollos dulces con mermelada de fresa. Muy bien, como, bebo, fumo, saludo a todo el mundo porque me siento renovado, saludo a todos porque me siento agradecido de estar vivo, y no tirado allá en el desierto, donde me puso a prueba hasta las lágrimas de la desesperación, el sátiro. De España, de Italia, de Francia, de México va la fiesta. La música de los tambores suena, me llama y me paro frente al fuego y suelto el cuerpo y bailo y me exorcizo, y la catarsis llega junto con las chispas que acarician la planta de mis pies, y bailo y suelto y grito y catarsis. Una española me pregunta si he estudiado danza africana, no, le digo, simplemente la siento sin pensarla y fluye sola, sencillamente bailo como lo siento, le suelto, y ella me sonríe, está feliz de que yo esté feliz y yo estoy feliz de estar aquí, más vivo que aquél que maldijo al camión que lo abandonó. El sátiro me puso a prueba y me sobrepuse. La española viene acompañada por un oaxaqueño con una cantidad peyote adentro del cuerpo suficiente para dos personas experimentadas, primero dirige su mirada iracunda hacia la mía, luego se acerca y comienza a gesticular de manera grotesca escupiendo monosílabos inentendibles, me rodea moviendo sus dedos como si estuviera realizando un encantamiento, yo no puedo evitar la risa, no es para menos tomando en cuenta las sustancias que llevo en el organismo. La española me dice que no me preocupe, que él se pone así cuando come demasiado cacto. Y que también tiene que ver el hecho de que han venido desde el DF en aventón por tres días y medio. El sol te puede hacer ver cosas que no son o tener la necesidad de inventarlas cuando no existen. Entonces el brujo este suelta una maldición impronunciable hacia el cielo para seguir con un acceso de llanto incesante, la española va con él, y lo abraza cual si fuese un niño perdido en el inmenso centro comercial, él se lleva el pulgar a la boca, luego se van a dormir a uno de los cuartos.

Alguien pide relevo en los tambores y me agarro uno para seguir con la música. Quien me lo ha cedido es un tatuador defeño, un tanto bravucón pero anda en la onda, uno de esos que tira rollo acerca del calendario maya y las profecías del año 2012 con su cercano fin del mundo, al no ver mucho interés de mi parte por seguir el hilo de la conversación puesto que mi atención está centrada en la música, toma uno de los caracoles que ha traído para la ocasión, suelta cuatro largos soplidos en razón de los cuatro puntos cardinales. – Los bendigo, me dice. En eso entra una japonesa con cara de perdida en el desierto, mira que sé bien lo que es eso. Varios de los camaradas se acercan a ella ofreciéndole cerveza, mota y comienza el cortejo… que termina tan pronto como empieza, uno tras otro son despedidos por la mujer de ojos rasgados que se ha bebido dos caguamas y unos buenos fumones de la pipa de la marihuana. Un viejo lugareño le ofrece una cucharada de mezcalina a lo que ella ni se niega ni se inmuta. Ella es como un robot. Esto no es el desierto, es la estepa y nosotros somos predadores o presas. Dejo el tambor a un lado y me acerco a la oriental, ya que nadie más lo hace. Me sorprende que esté tan lúcida con todo eso adentro. Primero intento hablarle en inglés pero me dice que no, que le disgusta esa lengua:

– ¿Entonces cómo quieres que te hablé? yo no sé japonés.

Y me vuelve a sorprender.

–Pues hábrame en espaniol.

Estoy sin palabras. Quiero preguntarle qué hace en México, que si ya conoce las mentadas de madre del país, que si ya le tocó que la albureen, pero las preguntas me parecen tan estúpidas y predecibles que mejor le tiro:

– ¿Tienes un lugar a dónde llegar a dormir?
– ¿No y tú?
–Sí.
–Vámonos.

Me despido de la española, de los italianos, de los franceses, que han forjado un impresionante gallo, de los chilangos de los tambores, del camarada misántropo, ese de la mirada iracunda, demasiado peyote mezclado con golpes de la infancia, combinación fatal en un principio pero refrescante después. Como el desahogo que sienten los padres después de un parto. Me voy con mi oriental al cuartucho que renté en el pueblo, adornado por cuadros con temas hikuri, nos quedamos viendo por largo rato los cuadros de temas hikuri… follamos… vemos los cuadros hikuri… follamos… Ah sí, me enseño algo de japonés pero lo olvidé al otro día.

ALGO POR CONOCER.

El Maestro y yo somos amigos, el maestro y yo somos hermanos. El Maestro es un escorpión de las dunas del desierto, donde los dátiles cuentan las gotas de una lluvia que ha pasado hace trescientos años. Yo soy Hermes de lira rota, boca rota, con el ritmo mental fraseado en alguna de esas melodías decadentes y repetitivas de Phillip Glass. El maestro mira profundamente, te mira el alma. Va por el laberinto del iris adivinando intenciones, persecuciones que aún no suceden pero sabe que acabarán por ocurrir, es un adivino. Un bardo, un juglar, arlequín limosnero que obtiene cosas a tirabuzón mesurado, que juega con las palabras como medio único para librarse de sí mismo, del control del entorno, eso me han dicho los astros hace diecinueve años, que soy. Me acuerdo bien cuando lo conocí. Fue en la calle en plena avenida 16 de septiembre en su cruce con Juárez, cuando el ojo amarillento del semáforo parpadeaba para luego cerrarse y abrir el ojo enrojecido. Iba en camino, con la mirada al frente alternándola con las líneas del concreto, yo baje la vista del cielo para pensar ahora en la tierra, entonces el maestro y yo nos miramos, detenidos más allá de la temporalidad de un pestañeo verdoso, había que estar seguros que los nocauts anteriores, en realidad, no significaban nada. Yo le presenté a Robert Frost, él me enseñó box. Ahora estamos en su departamento en la calle de Morelos anudando las rebeldes cintas de los guantes de box. No peleo, soy un inepto que recibe golpes, apenas lanzando uno que otro entre perplejidades, me mira, el maestro, con ese pozo profundo que se ha secado de lágrimas de tanto llorar en el pasado, de tantos miedos ambiguos que tan sólo dañan y confunden el punto del vacío. Golpea. Golpea más duro cada vez, entre mi artritis de niño asustado por la violencia del momento, estoy a punto de temblar, a escasos segundos de caer para implorar, quiero llorar, no más, entonces ese jab de derecha seguido del cruzado de izquierda en el hígado me dan la confianza necesaria, cuando mato al pensamiento de un gancho en la mandíbula. He vuelto a nacer, he vuelto a vivir. Me ha lanzado el Maestro del barranco, sin paracaídas frente a la bocaza de la violencia que nunca comprendí de niño, mi respiración sisea, la cobra real ha sido tentada, ha despertado de su largo sueño en el canasto del fakir, mis brazos se tensan, se relajan, ahora son dos lanzas que arremeten contra su abdomen, entonces le doy en que pensar cuando se dobla sobre sí mismo por la sorpresa detonada en mí persona, en su persona, en este departamento sin muebles, sin estufa, sin nada más que dos presencias que han invocado a los dioses de la adrenalina. Se dobla pero enseguida retoma compostura, me mira con rabia y con placer, se da cuenta de lo que ha provocado, yo también y se lo agradezco, con un certero directo en el plexo solar que cimbra su sistema nervioso. Estoy en un estado de relajación tensionada, él también, nos vamos como dos trombas, indetenibles, la comparsa del bajo sexto y el acordeón acaba de iniciar. Entonces más jabs, cruzados, ganchos, golpes de revés, izquierdas y derechas explotan la energía encapsulada del lugar, ¿un oráculo? No, un coliseo romano, mera antesala de la gloria. Dos golpes se conectan en ambas mandíbulas, caemos de rodillas resoplando de cansancio, nos miramos un segundo sin decir nada y nos incorporamos. El Maestro y yo, nos acabamos de conocer. Bebemos agua para decirle al sudor que se calle y vaya por nuestra piel transitando en silencio. Bebemos agua para calmar los latidos agolpados de nuestros pechos, mis ojos fluyen extendiéndose más allá de mis rodillas, el Maestro me mira y sonríe, pues sabe muy bien que esto le tocaba hacer, obligación cosmogónica, despertar al menos a una sola persona de la incertidumbre inercial del instante, pues qué somos nosotros, sino espontaneidad que se repite inequívocamente sin ser la misma, escudriñando, eso sí, las averiguaciones previas sobre la vida. Los hombres, las mujeres, los niños, nosotros, los otros, aquellos que realizarán escrutinios con la calma (si la disciplina nos lo permite), de un embeleso arrojado del saco de trucos de la concentración. Nos dejamos en silencio. Se emulan reverencias cuando la puerta de su apartamento va cerrándose. En la calle, los cláxones aplauden el encuentro, la gente va de gritos: ¡No hay vencedores no hay vencidos, bienvenido seas al foso hijo mío!

Vosotros dioses caídos,
Héroes olvidados,
Venid a cenar bisteces de mitología
En salsa de sátiros.

OJOS MORADOS SANGRE POMULAR.

El Maestro sale del edificio cuando voy llegando.

–Sabía que estabas por venir.
–Sabía que estabas por salir.

Tiene envoltorios de carne amoratada en el rostro.

Le suelto:
–Buen jab.

Me tira:
–Buen gancho.

Me dice que va de salida a comprar una pomada para los golpes, pues en su trabajo lo más importante además del servicio, es la presencia, que una cara pintada de moretones no es ganancia para la propina.

Viene él:
–Se asustan.

Voy yo:
–Oh.

Le han recomendado una pomada para el dolor y una crema-maquillaje que cubre las imperfecciones del rostro (según dice la etiqueta), pienso un instante en mi padre que en su brutalidad de hombre primitivo me enseñó cómo desaparecer la sangre abultada de los golpes. Peleaba todo el tiempo, ya sea por una mirada que no le parecía respetuosa, o por que se abstraía demasiado tiempo en sí mismo, o porque creía que eras alguien más, o porque Dionisio le escupía perversiones al oído, cosa que mi padre, se tomaba muy en serio.

–Mira Centauro ¡hip! cuando te agarres a madrazos y se te queden
los moretones en la cara ¡hip! agarras una cuchara como esta y con un
encendedor como este, ¡hip hip! la calientas por abajo luego te la pones en
donde tengas el chingadazo hip! hasta que se disuelva la sangre ahhhh!
– ¿Duele papá?
–No, no duele na´ más me hago que duele.
–Ah bueno.
–Luego agarras una aguja como esta, la mojas en tantito alcohol, ¡hip! ve
asómate que no venga tu madre.
–Sí papá… no, no viene mi mamá.
–Acuérdate de ver bien en el espejo ¡hip! para que le atines, agarras la aguja
¡hip! y despacito metes la punta en la ampolla para que salga la sangre
¡ahhhh!
–Híjole te está saliendo sangre ¿no te duele papá?
–No, no duele mijo ahorita se seca, agarra tantito algodón ¡hip! Y ponle
alcohol, ¿no viene tu mamá?
–… No papá todavía no viene.
–A ver dame el algodón.
–Toma.
–Ahhhhh! Jo´ de la chingada que te mal parió.
– ¿Duele papá?
–No mijo no duele, ¿aprendiste entonces cómo se desaparecen los
moretes?
–Sí papá.
–Bueno esto te va a servir cuando estés más grande, ahora vete a prepararme
un café negro.
–Sí papá.
–Centauro.
–Mande papá.
-Que esté bien cargado.
–Sí papá.

Cuando mi padre llegaba ahogado en alcohol a la casa, me hacía reír o me
hacía llorar. Cuando nos hacía reír a mi madre y a mí, bailaba como títere,
como en alguna de esas películas en las que Tin-Tan le movía el esqueleto
a la Vitola. Ahí se le veía chaparro en comparación con esa actriz argentina
de metro noventa, comedia clásica. Cuando nos hacía llorar, había gritos,
golpes, correrías. Teatralidad de chiquero.

Jung habla: los arquetipos son necesarios para comprender nuestra necesidad de héroes, la figura paterna es importante para formar carácter, todo es kármico, todo es karma. ¿Jung? Sí dime. ¿Te interrumpo? No mucho, dime. Vete a la mierda.

Luego mi padre me contaba que se había agarrado con tal o cual:

Cabrón que no quiso poner para el otro cartón, así que le dije, mira pinche Guajardo tú eres el único que no ha puesto, todos los demás ya lo hicimos y acabas de cobrar, así que no te hagas pendejo.
–No pero es que…
–Es que nada saca un tostón
–No pero…
–Pero nada cabrón, le dije y le solté un madrazo en el hocico.

Ese era él, un bruto si lo provocabas, un hombre agradable cuando respondías a sus expectativas, un hombre con sabiduría callejera que los azares del destino atinaron a convertirlo en cirujano. El Maestro y yo vamos a comprar alcohol, algodón, dos agujas y regresamos al departamento. Ahí hacemos las de Hipócrates y Paracelso. Cucharas calientes. Los poros se dilatan casi inmediatamente y la carne se enrojece.
Hago la prueba con la morcilla de mi párpado y la sangre fluye, luego él intenta el mismo procedimiento en su pómulo y también fluye sin ningún problema. Así que pasamos la noche con parches en la cara, dos cíclopes modernos hablando de astrología y fenómenos metafísicos.

Ese que carga una canasta de plástico en sus hombros, que limpia mesas, algunas veces asumiendo posturas a contra voluntad, también sonríe de vez en cuando para liberar el estrés, para acordar señuelos entre él y los demás, sin embargo hace falta carcajearse para mover las energías, me refiero a un destrabe de las quijadas para tragar el aire a tarascadas.

EL ZOOLÓGICO.

Marcela ha insistido en ir al zoológico, no sé, tal vez sea algo que le gusta a esa categoría de mujer en la que ella entra y define con todas y cada una de sus curvas.

Idealista, inocente un tanto, una soñadora amante de los animales. Aunque por el otro ángulo de su personalidad, es totalmente pragmática quiere las cosas así y ya, eso me gustaba de ella, de hecho eso me gusta en todas la mujeres, hasta cierto punto, y en gran medida es por eso por lo cual me propuse conquistarla, a tenerla, a saber de ella, a comérmela a ella toda entera. No es la típica a la cual le preguntas ¿Quieres ir al cine? Y te contesta lo que tú quieras mi amor, estás en el cine y le preguntas ¿Qué película quieres ver? La que tú quieras mi amor, en la fila del snack ¿Quieres palomitas y refresco? Lo que tú quieras mi amor, y a ti lo único que te queda por decir ante tal alarde de convicción es: ¡Coño ¿acaso no tienes poder de decisión?! Con ella todo es distinto, con ella la cosa va por decirlo de alguna manera, legal. Eso era entonces, ahora su (escoge el adjetivo que más te plazca, no me importa después de todo los tres van hacia lo mismo, y si ninguno te complace ahí está el diccionario) irrogadora/castrante/irritante necesidad de tener control absoluto de todos los aspectos de la relación, me tiene un tanto asqueado, las fechas, los regalos, los lugares comunes, la innovación de rituales que carecen de sentido para mí. Su grupo de amigos que no pasan de ser Narcisos intolerantes e intolerables o Helenas yonquis malcriadas, pero a ella todavía la quiero y mucho pero no la amo como entonces. Llevamos juntos un buen tiempo, pienso que tal vez demasiado. Y mientras avanzamos en el trenecito viendo la jaula de las cebras, ella habla, dice algo pero sólo me limito a asentir sin realmente lograr una conexión con lo que dice, así que sigo con mi monólogo interior. Creo que por eso le gusta tanto venir al zoológico ver a los animales ahí controlados tras unos barrotes, tristones, apáticos, totalmente amargados. El sexo no está mal, de hecho de las chavas con las que he estado, que en realidad no han sido muchas, sólo la japonesa de Wadley le lleva la ventaja, estéticamente hablando, porque a esa oriental se le daba muy bien eso del arte de las

sogas y las maldiciones. Sin embargo la ventaja es meramente ornamental pues en cuanto a sinestesia, efectividad, gemidos y llanto, Marcela es la emperatriz sin ninguna discusión.
Elizabeth Taylor asiente sin dudarlo.

Me suelta:
– ¿Me quieres?
– ¿Mhmm?
–Que si me quieres.
–Sí, sí te quiero.
– ¿Me amas?
– ¿Mhmm?
–Que si me amas, no te hagas el que no oye.

No le contesto y le planto un largo beso en los labios, entonces el trenecito que da tours por el zoológico se detiene frente a la jaula de los leones, y no puedo verlos, me avergüenzo de lo que les hemos hecho, son recursos con el pretexto de la venta de boletos, son artículos de suvenir con estampados ridículos. El macho alfa se tira al suelo, un obeso con expresión aburrida tratando de sacarle conversación a su filete.

Ella me abraza.

–Te entristeces de verlos así ¿verdad?

Contemplo la manera tan dulce de decir las cosas a través de sus ojos y le tiro:
– Deberían estar en la selva, aunque con lo que les hemos dejado, este parece ser el futuro de todos los demás, un lugar de control para jodidos de engorda.

Ahora ella me besa atrevidamente desde el mentón hasta los labios y ahí se queda perenne, extática. Mientras el trenecito nos lleva a la jaula de los gorilas, un macho se acerca a la reja y luego bufa a los demás que vienen a su lado, se nos quedan mirando, a ella, a mí, los únicos restantes en el tren. Se mofan. Estoy ahí viendo esas caras tan parecidas a las nuestras y esos ojos profundamente amarillentos que parecen decir:

–Te lo dije, evoluciona y estarás jodido, yo aquí comiendo bananas, follando y rascándome la panza todo el día, ¡Ja Pendejo!

Bajamos del trenecito, compramos un raspado.
Silencio.
Miradas.
Eterno silencio.
Intento de hablar.
Tú primero.
No tú.
Silencio.
Ya no te amo.
Yo sí te amo.
Silencio.
Eterno silencio.

Le suelto:
—Y si terminamos esto de una buena vez.
—Sí, yo también ya me aburrí de los animales.

Hablo de nuestra relación y no me le des más vueltas.

—No hablo del zoológico sino de…

Tono de risas en su celular.

— ¡Mira un mensaje de Vanessa, fiesta hoy en casa de Tania con dj y toda la cosa!

Sabe bien adónde me dirigía, ¿no es cierto, verdad que sabes bien hacia dónde me dirigía?

—Mira Marcela el caso es que…

Me besa de nuevo, esta vez muy cachonda poniéndome la mano en sus tetas, esas tetas enormes, bellas y deliciosas.

Discuten Las Moiras:

Clotos.- Jijiji.
Láquesis.-…Y esa es la verdad sobre todo el asunto.
Clotos.- Jijiji.

Átropos.- ¿De qué te ríes?

Láquesis.- Le conté la verdad de acerca del joven Prometeo que quiso verle las tetas a Artemisa y ella no se las enseñó, y él de puro encabronado se robó el fuego, iba tan feliz por el mundo repartiendo llamas hasta que de allá arriba le mandaron poner una chinga.

Clotos.- Chinga Jijiji.

Átropos.- (a Láquesis) ¿Y por eso se ríe?

Láquesis.- Palabras de humano, el lenguaje de los hombres la hace reír.

Átropos.- Vaya loca, ¿escuchas? Estás loca.

Clotos.- ¡Loca! Jijiji.

Se van Las Moiras.

Soy un hombre de tetas y no hay poder en el mundo que me haga cambiar de parecer, Marcela lo sabe de sobra, así que me mira con esos grandes ojos que saben hacer lo necesario cuando te miran de abajo hacia arriba.

—Vente a mi casa no hay nadie hasta el domingo.

Es viernes, pienso mientras hago matemáticas inmediatas. Soy un hipócrita.

—Bueno.

Caen las sábanas.

Así que estamos en su cuarto follando como bestias, ella en realidad, por más que se esfuerce, ya no me sorprende, aunque ella tampoco queda sorprendida con mi desempeño, pero eso no me importa cuando está en plena felación, que aunque no me sorprenda, me mata.

En la fiesta de Tania estoy tomando *Jonnhies* con bebida energética, una buena combinación que me mantiene a ritmo sin perder la compostura, no al menos antes del quinto. La música es buena, platico un poco con el dj que me dice es colombiano y anda buscando suerte en México, tiene un par de fechas en algunos lugares de la ciudad, me da dos invitaciones y el puño de fliers para su distribución, le paso un *éxtasis* por el tornamesas, y otra también para Marcela que me ha llegado por la espalda, me besa y me presenta a su amiga Tania, saludo a Vanessa y nos vamos a bailar al patio. El set del repetitivo minimal techno finaliza, nos vamos los cinco, Colombia,

Marcela, Tania, Vanessa y yo a un cuarto privado en el piso de arriba de la casona donde sucede la fiesta. Abajo, el relevo hace de las suyas con algo de house cadencioso, nos tiramos a la cama, mientras preparo un *primo* con la cocaína supuestamente pura que intercambié por *pastas* al llegar a la fiesta, las mujeres se besan entre ellas, luego llaman a Colombia a que se les una y finalmente cuando el porro está listo, lo prendo dándole una larga y lenta calada y lo paso a Marcela. Así es que paso de una boca con labial rojo a otra con color negro, de unos labios con brillo sabor melón a unos colombianos. El cigarro se quema lento. Vanessa se quita las bragas y el top, Marcela hace lo suyo (lo que mejor sabe hacer), Tania y Colombia han hecho suya una esquina de la cama, así que estamos uno contra dos y una contra uno, cambiamos de parejas de lugares y la droga hace lo suyo, qué bien, que para eso la consumimos. Hay ronroneos y sudoraciones frías seguidas de una nueva inhalación. Las cortinas chorrean las paredes de púrpura mezclándose con el naranja y el rojo de las alfombras. Mientras le doy a Marcela por atrás, llega Colombia con su mirada de aceite, desprendiéndose del trío de la esquina al otro lado del sofá. Me ofrece el primo. Inhalo. Se lo hacemos Marcela y yo. Colombia canta un ballenato a gatas mientras le doy. Lo que ha seguido entre el house y el vapor blanco, las lenguas de gato y los gemidos, las mamadas de Colombia y las espirales descendentes del alma, tampoco ha estado nada mal. Pero Tania y Vanessa necesitan atención, así que apenas hemos terminado, una nueva masa de carnes y fluidos se forma, moviéndose de los sillones a la cama, de esta a la frialdad refrescante de las paredes, para luego aterrizar en las alfombras y caer nuevamente en los sillones. Así nos pasamos el tiempo, hasta que agotados, quedamos regados por todas las esquinas de la habitación. Experienciasexperienciasexperienciasvoluptuosidadplacercompulsiónfrene tismocaprichosinmediatezhedonistaexcesosexcesosexcesos.

Más *Jonnhies* y más químico y más baile y estamos en casa de Marcela. Cogemos un rato, o mejor dicho, lo intentamos porque yo estoy jodidamente agotado y no logro que se me pare. Nos dormimos.

Ayer soñé que mi padre me veía desde debajo del campanario donde yo estaba. Me vi con dos mujeres indígenas desnudas, a las cuales les mamaba los senos mientras sonaban las campanas. Él se apartó de la muchedumbre y me dijo reprochando: – Siempre supe que eras un muchacho extraño. Aparté de mi los pechos de aquellas hermosas mujeres por un momento y le contesté: – Sólo busqué que me quisieras viejo, como quiere un padre a su hijo, sólo eso. Después él se perdió entre la procesión de la mojiganga y yo seguí con lo mío. Los senos me supieron a leche de gavial.

Los sueños, su significado ¿acaso me sirven de algo en esta realidad?

El reloj marca: Diez a eme de domingo, ¿diez a eme de domingo? ¡Diez de la mañana! Quedé en casa del Maestro para ir a las cascadas, ella está dormida, ahí boca arriba, desnuda, la beso desde las muslos subiendo por el pubis afeitado en forma de corazón justo al centro del monte creador, me encamino a su vientre, a sus pechos, su clavícula, su cuello me gusta tanto.
Marcela, la quiero, la deseo y quiero hacerle el amor profanando los templos de la tierra, con la sexualidad de un dios. Sin embargo ya no tenemos laberintos emocionales y eso es imprescindible en cualquier relación, además perdimos la capacidad de asombro el uno del otro. Después de estar demasiado tiempo con una persona terminas por quemar todos tus cartuchos. Ella me buscó, ella una rebelde fue y me dijo:

—Oye tu me gustas, me pareces atractivo entonces ¿qué?

Y ¿qué haces en esa situación? Lo que hace cualquiera con dos pedazos de seso en la cabeza, hacerte de postura y voz de galán y terminas en la cama con ella.

—Ah sí tú también estás muy guapa, ¿te apetece beber algo?

Me visto rápida y cautelosamente, busco pluma y papel, le dejo una nota:

Marcela ahora estoy aburrido de nosotros, creo que tu también, eso no lo sé, estoy aburrido de estas fiestas, estoy cansado de tu mundo, así que me voy a buscar algo más, no me esperes en Ítaca hilando suposiciones, te quiero, adiós. Centauro.

Salgo, tomo el camión. Ella me enseñó mucho sobre mí mismo, pero ahora ella no puede enseñarme nada, nadie te enseña a caer en tu propio lodo, esa es tu decisión. A veces tengo la impresión de ser un malagradecido hijo de puta, pero qué se le va a hacer. A esa Vanessa la conozco de algún lado… Ah sí, hubo una Vanessa hace algunos años, me enamoré como loco, salimos y eso, pero entonces yo era muy estúpido o más bien dicho, más estúpido con las mujeres, ahí que nada pasó, le di un intento de poema con dedicatoria y ella me dijo algo así:

—Me hubieras dicho antes.
—Lo sé pero te lo digo ahora.
—Sí pero es que ahora estoy con alguien.

Imbécil, porqué no se lo diste a tiempo.

—Bueno me lo tenía que sacar del pecho.

Algo de eso pasó en realidad, algo. Charlie Chaplin no quiere saber más de las mujeres.
Un completo imbécil con el sexo femenino, y es que es así, sucede cronológicamente, es como si estuviéramos programados por ciclos:

GAMMA) Imbécil.
DELTA) Imbécil.
ÉPSYLON) Búsqueda constante del centro de la personalidad.
DSETA) Patán.
ETA) Búsqueda constante del centro.
IOTA) Patán.
KAPPA) Búsqueda constante.
LAMBDA) Pa…

Ahora son las notas de despedida y los recuerdos llenos de melancolía, basura. ¿O seré en verdad un cínico romántico como ella decía? No lo creo, soy un observador de frutos, y cuando logro comprender algo que mesuradamente encamina mi conocimiento, actúo como un completo imbécil y simplemente me callo y me alejo.

El que piensa demasiado se queda calvo.
El que piensa poco tiene cabello.
El que piensa demasiado siente poco.
El que siente mucho piensa poco.
El que es calvo, siente mucho, piensa poco, tiene cabello, siente poco y piensa mucho, es demasiado siquiera para imaginarlo.

Un mensaje de texto.

Hola ¿hay alguien ahí, existe siquiera algo frente a estas palabras, no, sí? ¿Una palmada a la mitad de la cara del arrepentimiento? ¿O será acaso una irruptora homeostasis emocional eh? ¿Tú lo sabes? ¿Acaso tú lo sabes?

Otro.
¿Qué haces a esta hora de la madruga-día cuando el sol se ha puesto en un canasto de espadas? Si estás despierta contesta, si estás dormida sueña el sueño del que sueña que es un sueño.

Estos dos son míos, el primero de cuando nos peleamos en serio, el segundo luego de nuestra primera vez. Me los está reenviando para deshacerse de ellos, luego lanza otra estocada:

No necesito tu limosna, te amo aunque tú no, quiéreme si quieres, o no, pero no me ofendas con tu limosna, ve y búscate y si cuando te encuentres a ti mismo aún sientes el deseo de volver conmigo, quiero que sepas que nadie te va a estar esperando.

Qué duro, pero no pienso verla más, tiro el celular a la basura. Llego a casa del Maestro.

Aquel que ha creado mierda puede esperar caer en ella.
H.C. ha creado mierda.
H.C. caerá en la mierda.

LA GRAN CASCADA.

– ¿Qué hay Maestro?
– ¿Huaxtla?
–Huaxtla.
–Vámonos.

Andando hacia la periferia te puedes desconectar del vértigo creado en la cosmópolis en tan sólo dos horas. Subes cerros escabrosos sin detenerte para luego iniciar la segunda parte del ascenso. Una hora por peligrosos riscos resbaladizos que cuando apenas se va por la mitad, a cualquier escalador primerizo ya se le han reventado las ampollas. Al Maestro las callosidades viejas lo protegen, pero a mí, para cuando hemos llegado a la cima, la sangre seca y el dolor me han entumecido las manos. Así que hemos subido por ciento veinte minutos, para luego comenzar un descenso indetenible de media hora. Tomamos un respiro, algo de agua y marihuana, miramos el paisaje un momento, seguimos. La tierra se desmorona, trozos de piedra trémula y roca molida. Estamos en la Argólida.

El Maestro, reflejo absoluto de mí mismo, asiente.

Con el andar de estos viajes hemos descubierto la mejor manera de descender sin retrasos. Por un lado se pueden hacer descensos calculados con matemática de araña, yendo con la espalda horizontal al suelo, con pies y manos que se aferran las piedras salientes. Por otro, se ejecuta una peligrosa carrera imposible hacia abajo, evadiendo árboles, agujeros de serpiente, puntas de piedra peligrosa, suelo engañoso. Uno no se para hasta que el camino se torna horizontal. Entonces se anda un poco más por el estiércol de los minotauros olvidados, para llegar a uno de los templos estridentes de la naturaleza. Pero esto ahora lo sabemos, antes no. La primera vez que fuimos juntos ocurrió un maratón de pruebas de proporciones psicológicas.

Me tira:

–Ahora bajamos.
–Está cabrón, este piso está muy resbaladizo.
–Bajamos.
–Pero.
–Bajamos.
–Bien.

Me hago de un bastón improvisado con una rama, y él ya va más abajo, comienzo a descender lentamente, tanteando la superficie y haciendo cálculos con el bastón.

Me tira:
– ¡Hey!, los bastones son para los tullidos, los viejitos y los enfermos, y tu no estás ni tullido, ni viejo, ni enfermo ¿o sí?
–No, no lo estoy.
– ¿Entonces?
–Tienes razón.

Lo veo un momento mientras se da la vuelta, voy a tirar el bastón pero algo, una revelación interna me avisa de un evento que sucederá más abajo en los pantanos, no sé de qué se trate, así que sin deshacerme del bastón, elevo mi arco y preparo mi aljaba. Comienzo a brincar de piedra en piedra flotando en el aire como este Maestro me ha enseñado apenas hace un instante. Vamos brincando sobre una gigantesca espalda de piedra, flotando cuando el vapor sale por los poros de su costado, dicen que esto sólo lo percibes cuando estás listo, cuando te has quitado las posibilidades, cuando la mente deja de jugar al azar y las probabilidades y se lanza a la conquista, pero esto ahora lo sé. Antes no.
Llegamos a los pantanos y una aglomeración de cornamentas deformadas por el tiempo, bloquea el paso hacia el templo, mi Maestro mira perplejo, luego voltea la cabeza hacia mí:

– ¿Y ahora? No se puede pasar ¿qué hacemos?
– Buscar un camino alterno.

Él va hacia atrás sobre sus pasos buscando algo que ya no está, algo que se ha esfumado con el sonido de los cascos de las bestias chocando contra su propio estiércol. El titán olvidado se ha jorobado tanto que lo único que el Maestro ha alcanzado a ver con ojos de niño confundido es un desfiladero inacabable. Entonces veo a las bestias, mugiendo confundidas sin saber qué hacer, y voy a mis días de niñez en los potreros, con yeguas y caballos salvajes, las vacas que ordeñábamos mis primos y yo nos golpeaban con su cola, deshacían los nudos del pretal y pateaban las barricas de leche que salían rodando por la mierda. Los profusos gritos de mi abuelo hacen eco en el presente. Había que ganarse el respeto del animal primero. Los animales te enseñan a dominarlos. La horda resopla trémulamente, se mueve nerviosa y cuando están a punto de atacarnos, levanto mi bastón y miro a los babeantes, a los temblorosos, y pronuncio el mantra del movimiento:

-¡Vaca much much vaca much much muévete vaca!
¡Vaca much much vaca much much muévete vaca!
¡Vaca much much vaca much much muévete vaca...!

Se mueven en fila torpe hacia lo profundo del valle. Mi Maestro también se mueve, desde las raíces mismas de su conocimiento adquirido, hasta la anticipación de falsas leyes universales, preconizadas por algún fauno escurridizo. Se mueve para no estorbar el camino de la procesión de cuernos rotos, se mueve su conciencia para no volverse sal. Los animales se han ido, entonces lo miro como al hijo que aún no tengo, al que le enseño a detener vendavales, soy su padre como él lo ha sido conmigo en algún momento, él me ve mientras mueve su cabeza hacia un lado preguntándome qué fue lo que acaba de suceder, no lo sé, solamente muevo la cabeza en señal de avance.

Andamos un rato más entre la maleza. Las raíces de los árboles salen de la tierra como escamosas colas de lagarto.

Llegamos a la cascada, una pequeña laguna, pero él me dice que hay algo más interesante apenas subiendo ese risco de ahí, así que después de zambullirnos en la poza de la purificación nos vamos hacia el templo.

Escupo:
– ¡Guau!
–Quince metros aproximadamente, ¿te has aventado de una de estas?
–No, nunca.
–Dicen a que unos metros más de altura equivaldría a chocar contra el concreto.
–Ahí quedas.

– ¿Piensas aventarte?

El rasta, el psicólogo, el árbol, el edificio, todos hacen acto de presencia para luego zambullirse. Me descalzo, invocando adrenalina para activar mi biomecánica y salto hacia la revelación, todo pasa muy rápido, como un choque de katanas, el momento en el que se rompe el cuello de una gimnasta china de doce años al caer mal un salto mortal, fracciones de tiempo en al aire que culminan con un agujero en el suelo líquido. Aguanto la respiración en el fondo, entre el fango y la maleza acuática, todo está oscuro por la tierra que se ha levantado con el clavado, oscuridad, calmitud, entonces una explosión de burbujas, un cuerpo cortando el agua otra vez, algo ocurrido hace un momento se repite en el tiempo, de las burbujas surgen dos cuerpos, se me acaba el oxígeno, me deslizo hacia la orilla y emerjo. El Maestro y yo una vez más no pronunciamos palabras, llenamos los huecos con silencio, completando orbes de conocimiento como un par de almas conocidas hace miles de vidas. Sujeto como él, nunca antes conocido, al menos no en la selección dentro de los azares de la rueda de la fortuna de esta experiencia. Nos vemos profundamente, asentimos, ecuación resuelta, miedo superado.

Y entonces los cálculos para ejecutar habilidosamente la entrega de los alimentos, y ser diplomáticos con los clientes enfermizos que expelen palabras con aroma a muerto, sólo nos demuestra que la vida entre paredes de madera y piedra artificial, se reduce a una forma pervertida de teatro kabuki, con el sueldo pendiendo de una pantalla de plasma.

BAÑOS DE SAN JUAN DE DIOS

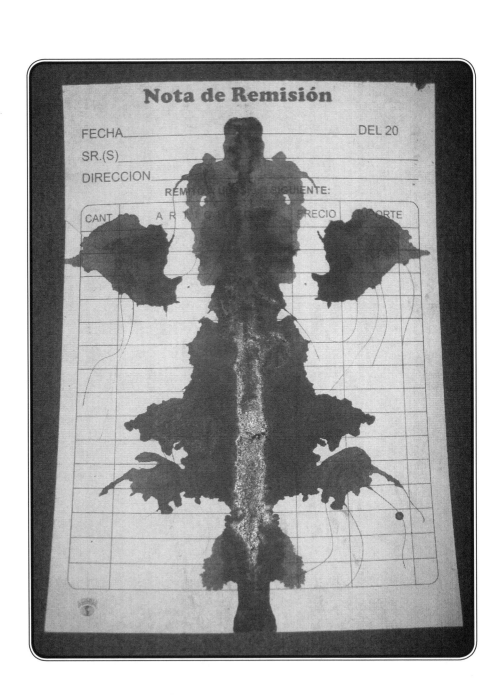

Le pago $2.50 a la *Mirella*, un inmigrante travesti ecuatoriano con manos de gorila, adornadas por filosas uñas carmesí pegadas a un cuerpo delgaducho, senos implantados, labios aumentados con grasa de sus nalgas, y dueño o más bien dueña, (una dama en todo caso) de uno de los baños del mercado de San Juan de Dios. Entro a uno de los cagaderos a hacer lo mío. Una comunión de voces habla por lo bajo en el escusado de al lado:

Dime cómo sobrevivir a mi locura, a este tormento diario de no saber quién es quién, qué es qué. Callar mi pensamiento hasta convertirlo en abreviatura mínima, reducida a una letra, como pronunciada por un chasquido de labios repentino, dime al menos cómo aquietar la orden descendente de llevar mi vida derivando en canoas fracturadas, ahogándome en emociones enfermas y lastimosas. No puedo más, los oráculos no funcionan llevan descompuestos demasiados años y no creo que seguirlos invocando sirva de algo, los ídolos de arcilla se rompieron en mis manos y aquellos que fueron de piedra cayeron a mis pies por el mazo de mi furia, me engañaron, todos me engañaron, los verbos sagrados, las meditaciones cautelosas, los ayunos anémicos, ahora sólo me queda una salida para la corrupción de mi alma, a dieciséis escalones hacia arriba en el cajón del buró de mi padre, hay una pistola, tengo un bala, la necesaria para astillar paredes y llenar de combustible púrpura el espejo. Dime tú, figura reflejada, arquetipo desengañado doblado por su espina dorsal, dime ¿Cómo puedo curarme sino de esta manera con un cañón apuntando a mi cabeza? Ni a la pistola ni a la bala les vale la retórica o el leguleyismo espiritual. Sólo tengo que jalar el gatillo y volver a creer en mí, sólo de esta manera retomo el control de mis sentidos y mi voluntad, porque sino así, dime entonces cómo puedo sobrevivir a esta locura ¡Click, Bang, Bang!

Me parece haber oído eso antes pero no recuerdo dónde. Echo un ojo a través la rejilla de la puerta. Veo tres espaldas terrosas y envejecidas, cubiertas de algo que parecen túnicas roídas por las costuras, las ropas se arrastran por el suelo entre los charcos de agua grisácea amarillenta, acabo de hacer lo mío, para salir y ver que han desaparecido. Verifico mis manos, sin sangre, toco mi frente, tampoco. Las dudas se van acumulando como vapor de ratas en mi cabeza.

BOX.

Nota de Remisión

FECHA_____ DEL 20____

SR.(S)_____

DIRECCIÓN_____

_____O A U__(S) L_ SIGU_____

CANT	_A _____ O _____		IMPORTE

Guantes, piernas ligeras, cadera, brincos, jab, jab, cruzado, volado, directo, gancho… *Wrinkle* versión *hype* de Miles Davis retumba en los mosaicos del apartamento.

Movimiento evasivo izquierda, derecha, atrás, no dudes, solo haz lo que sabes hacer, lo que has aprendido en estos últimos años, en todos los tiempos de todas la eras por las que tu alma ha atravesado, **Jab-Jab-Cruzado,** tira, golpea, aguanta el **Gancho** en el estómago, sufre pero aguanta, tolera, soporta, no pasa nada, golpes, golpes, más golpes y nunca caigas, dóblate si es necesario, o resopla hombre caballo, pero no caigas, dóblate mirando al cielo, besa la tierra y levanta, **Jab-Jab-Cruzado-Gancho,** artillería en el pecho, mi cruz protectora, puñetazo en la frente, puñetazo en el pecho, granada a la izquierda del Maestro, granada a mi izquierda, bomba de hidrógeno a la derecha del Maestro, bomba de cólera a mi derecha, **Jab** contundente, ojos que queman, corazón que resopla, cadera, cadera al frente, atrás, diagonal, agáchate hombre caballo, no te canses hombre caballo, estómago de acero, costillas de hormigón, y **No pasa nada, No pasa nada, Escúchame, No pasa nada,** ataca una vez más, empequeñécete, eres una serpiente que se enrolla y desenrolla sobre sí misma, que espera el ataque, tus ojos no están en tus cuencas, tu cabeza no está apoyada en tu cuello, tus ojos están dos metros arriba de tu corona, expándete, **Crece-Crece-Crece,** hipnotiza, ataca, muerde, violenta, hipnotista hombre serpiente, hombre caballo, **Revés** en la nuca, **Revés** en el rostro, rompe la nariz, no pares, ataca, reproduce tu alma en el cuerpo violento del otro, ataca, **Jab-Jab-Cruzado,** te cansas, no, no te cansas, sólo quieres seguir, y dar y atinar, embocar un jab más, un cruzado más, no por ti, no por él, no por nadie, sino por todos los que lo necesitan, los que han de caer y no saben cómo, estás cansado, **No, No, No, No estás cansado** hombre serpiente, pues te proyectas en el espíritu del otro, resopla, tira hombre caballo, y recibe hombre caballo, tu cuello no se dobla, es de acero hombre caballo, no caes, él no cae nunca, tú no caes nunca hombre caballo, y si lo hacemos nos levantamos hombre caballo, el corazón va a estallar, el pecho se te parte para escupir al miocardio, las piernas se te doblan hombre caballo, estíralas, mándales la fuerza, golpéalas para que respondan, brincos evasivos diagonales, al frente, atrás, **Jab-Jab-Jab-Jab-Gancho-Cruzado-Hígado-Gancho-Cruzado-Hígado,** el poder atormenta tus miedos, destruye hombre caballo, acaba con los relámpagos de la noche, destruye, invoca a todas las serpientes del universo **¡Acaba ya acaba ya! ¡Se acabó mi hombre caballo!**

LA RAVE INTERMINABLE.

Afuera del rave, Afrodita está tratando de conseguirnos entradas gratis para el concierto. Me ha dicho que el organizador es amigo suyo pero por la expresión que veo en ambos, lo que tuvieron que ver en el pasado sigue latente. Me pongo a platicar con unos ravers auténticos, amigos de ella. Hay que mirar que se nota desde el vestido, ropa fosforescente y costosa con impresiones sobre Buda o Shiva, tenis especiales (de marca reconocida) para bailar, y esos pequeños artefactos lumniscientes que parpadean colores. Voces amantes del químico que me cuentan una curiosa anécdota.

—Así güey, así como te lo digo, esta caribe era de unos putitos…
—Sí, sí güey y esos putitos querían venderla pero la neta no se querían separar del carrito…
—Entonces les ofrecemos ocho mil varos, querían diez pero ni madres, les dijimos traemos ocho…
—Y como los vatitos andaban urgidos de lana porque al novio activo le tenían que hacer una operación.
— ¡Jajaja Sí no mames al vato le iban a abrir la salchicha jajaja! Porque jajaja! ¡Se aventaba jajaja güey mejor tú cuéntale!
— ¡No mames cabrón el vato se aventaba los palos con su novio sin casco jajaja, la pinche salchicha se le llenó de mierda y no podía mear jajaja!
—Todavía al final cuando les dimos la feria se ponen a llorar abrazando la pinche caribe y diciendo…

Lo gritan a coro:
— ¡La paloma se nos va bububu! Se nos va la paloma, porque así le decían como está blanca jajaja!

Nos cagamos de risa los tres. Los fantasmas de Albert Hoffmann y Timothy Leary que están con un grupo de chicos y chicas, también. Afrodita llega.
— ¿Qué pasó?
—Pues nada anda de mamón porque dice que ya no soy chida con él, y como anduvimos hace un rato pues ahora se pone sus moños.

–Entonces qué hacemos.
–Hay que esperar a que pase más gente con boleto y luego voy a ir otra vez.

Estamos ahí esperando mientras escuchamos algo de house que han puesto los ravers de la paloma, prendo un cigarro y nos lo pasamos. Ella está sentada en una piedra con el ánimo colgando de una pica, volver a ver a este tipo la dejó medio noqueada.

– ¿Qué tienes?
–Eh, no nada es que ya le había hablado y me dijo que sí nos dejaba pasar pero ahora me la está aplicando el muy culero, además ya les voy a quedar mal a ustedes.
–Mhmm espérame ahorita vengo.
– ¿A dónde vas?
–Voy a platicar con él.
– ¿Qué le vas a decir?

El tipo no es un raver, de hecho se viste con traje y zapatos, eso sí muy a la moda, un neoliberalista más que se ha colado en el orbe de la subcultura eléctrónica.

Lo pruebo:
– ¿Eh qué hay carnal tu eres amigo de Afrodita?

Me prueba:
–Qué tal sí, ¿tú vienes con ella?

Me acerco a su cara quebrantando el espacio vital entre él y yo.

–Sí, me dijo que nos ibas a hacer el paro de entrar, por eso no compramos boletos confiados en tu palabra.

Se echa instintivamente hacia atrás.

–No, si sí los voy a dejar entrar nada más espérenme un rato porque necesito que más gente con boleto pagado entre.
–Mira, los boletos ya se agotaron, vendieron todos, así que tú y tu empresa ya tienen el dinero en la bolsa.

–Sí pero la cuestión es…
–Confiamos en tu palabra, ella confía en tu palabra y la verdad yo no vine a dar la vuelta hasta acá para aguantar el frío, ¿Entonces qué camarada nos dejas entrar ahorita o qué?

Veo con una expresión de cobra sardónica a este esnob hijo de puta, me evita la mirada unos momentos mientras recoge boletos, pero cada vez que lo hace voy y lo busco con los ojos como diciéndole, mira pendejete prometiste algo y ahora lo cumples. Llegan guardias de seguridad y me pregunto si esto ya valió madres. Él les hace una señal, habla por su radio, al parecer corroborando cierta información, luego me dice:

–Sí, sí pásenle ya pues, al cabo ya entró algo de gente con boleto.
–Así me gusta, que los caballeros cumplan su palabra, yo lo haría ¿verdad que tú también?
–Claro pasen ya.

Le chiflo a ella y a los ravers de la paloma, que apagan la música y se acercan a la puerta, ella nos mira alternativamente a él y a mí con cierta confusión en la mirada. Él la ve y luego a sus amigos. Pasamos.
Los ravers vienen cargando la casa de campaña. Caminamos cerca de quinientos metros adentrándonos en las profundidades del bosque, cuando los primeros acordes electrónicos acarician al aire gélido de los cerros. La fiesta tiene cerca de dos horas de haber empezado, pero el evento principal no comienza sino hasta más tarde. Así que buscamos un lugar para acampar, nos vamos al escenario y movemos la tierra.

1:30 a eme.

Ella me saca de la pista llevándome a la casa de campaña.

– ¿Quieres fumar mota? Aquí traigo en mi cajita.

La cajita que todo marihuano aburguesado que se digne de serlo, debe tener:

MU) Una generosa cantidad de hierba.
NI) Papel para liar.

XI) Hitter o en su defecto una pipa pequeña.
ÓMICRON) Instrumentos para destapar estas dos últimas, cuando se han llenado de hashish en su interior.

Hay quien utiliza el forjador o liador automático, que consiste en un trozo de manta que se enrosca en dos tubos pequeños, la tela sirve para descansar el papel con la hierba y los tubos para ir enrollándolo sobre sí mismo, hasta que el cigarrillo queda hecho. En realidad este instrumento es sólo usado por principiantes en la materia porque los verdaderos fumadores de hierba, vaste decirlo, prescinden de él.
Afrodita termina de limpiar la cola de tamaño mediano que es de un color verde-púrpura brillante, con respecto a su poder después de dos caladas profundas no tengo la menor duda. Ella me ve un instante con sus ojos enrojecidos, se acerca, me abraza.

–Oye, qué le dijiste al vato?
– ¿Cuál vato?
–Mi ex, el de la entrada.
–Ah, nada sólo le dije las cosas como son, le aclaré que una promesa es una promesa, eso es todo.
–Pues vaya labor de convencimiento, yo estuve media hora tratando de que nos dejara entrar y no logré nada.
–Eh, sí ahora estamos aquí adentro, en la fiesta, en la casa de campaña con un fumón de buena calidad y música de fondo, ¿quieres ir a bailar?
–Mejor nos quedamos un rato aquí ¿no?
– ¿Quieres seguir fumando? Ya te ves bien pachequita.
–No menso, fumando no.
–Ah.

Y dale que empezamos a fajarnos, tocándonos por todos lados, nuestras manos se mueven por las tetas, las nalgas, los rostros, las espaldas. Revientan lenguas por todos lados y los gemidos acompañan el psychedelic trance a todo volumen que penetra en las vértebras plásticas de la pequeña tienda.

Entro y salgo de ella al ritmo de la música, al igual que en las otras trescientas casas de campaña que nos rodean.

2:30 a eme

Se oyen los primeros beats de Goa Gil, un viejito hippie que hace sus mezclas con casetes. Mientras el psy trance se expande como aurora boreal, las casas de campaña se han transformado en burbujas que se inflan y desinflan rebosantes de sexualidad. Afrodita se monta y suelta una lagrimita cuando se acerca el orgasmo de la noche, entro y salgo con un frenetismo implacable hasta que estallo dentro de ella, al igual que en las otras trescientas casas.

Orgasmo generacional.

Somos la sexualidad de hoy, buscamos desesperadamente acontecimientos que nos marquen ¿para toda la vida?, ¿queremos voltear cincuenta años después y comprobar que hicimos algo que valió la pena? Para nada, sólo queremos coger. Epicuro esboza una mueca de contento.
Así que indios danzando a ritmos electrónicos, y burbujas sexuales explotando por los bosques de la tierra. Nos quedamos tirados en la casa, cansados, tomamos un aceite cada uno y lo ponemos en nuestros índices, ella lame mi dedo y yo lamo el suyo, nos besamos, nos ponemos la ropa y salimos dispuestos a bailar hasta el amanecer.

6:00 a eme

Termina el set de Goa Gil, no sin antes cerrar con una mezcla ácida de la rola *Leo* y conforme va saliendo el sol, el final es de antología.

10:10 a eme

Lo bueno se ha acabado así que nos vamos. Uno de los ravers conduce mientras otro forja, Afrodita y yo vamos bajando avión sin dejar de tocarnos, fumamos un poco y nos dejan en su casa. Vamos a la cocina, bebemos agua, comemos algo de fruta y vamos a su cuarto. No hemos dormido en horas pero aún alcanzamos otra sesión sexual antes de dormirnos.

En el sueño estaba en un centro comercial en ruinas lleno de gente enferma y moribunda. Apestaba a muerto. Había moscas y gusanos por todos lados. Cada vez que cerraba y abría los ojos, los cuerpos iban desapareciendo hasta que sólo quedábamos un caimán y yo. Nos miramos, fui y me senté frente a sus mandíbulas abiertas. Su boca olía a mí.

El gerbo se caga, y se caga, y se caga…Y yo la cago, y la cago, y la cago…

Cerca de las seis de la tarde abro los ojos, para ver que ella se ha ido. Abro las llaves de la bañera y me siento en el borde admirando las líneas cortadas del azulejo. Me meto en la bañera, el agua está tibia. Tomo aire y me sumerjo, el cuarto se comienza a ver como cuadro impresionista. Una figura nueva entra en la pintura y mueve la boca diciendo cosas que no entiendo.

–Despierta dormilón ¿tienes hambre? traje sushi.
–Sí.

Me pasa la comida a la par que se desnuda metiéndose a la bañera conmigo. Esta sí es una mujer, me digo mientras nos alimentamos en silencio, terminamos de comer y se viene de frente a mi pecho, yo la abrazo mientras ella escucha los latidos de mi corazón.

– Tu corazón se oye raro.
– ¿Cómo raro?
– No sé, raro como que a veces no se oye.
– Mmm.
–Oye, me acompañas a ir por mi hermana al aeropuerto.
– ¿De dónde viene?
–De Argentina, se fue de vacaciones con su novio pero allá rompieron y por lo que me contó por teléfono creo que viene devastada.
– ¿A qué hora llega?
–Su vuelo llega a las nueve.

9:00 pe eme

El vuelo de Rosario, viene con algo de retraso, mal clima. Voy por unos cafés a la máquina mientras ella se queda averiguando en la aerolínea.

1:30 pe eme

El rostro de ambas se ilumina al verse mutuamente, llanto, abrazos, saludo mientras nos presentan y la ayudo con sus maletas.

Llegamos a su casa, dejamos las maletas de Rosario que nos ha dicho está exhausta y necesita dormir, así que me despido de Afrodita con un largo beso y todo se va deshaciendo por las costuras dando paso a los delirios…

—Abandonad las naves y quemadlas.

—Pero señor, nosotros nunca abandonamos.

—Esta vez sí lo haremos, pues una profunda pena me embarga el alma.

—Señor aún podemos hacer algo, rescatar algo.

—En eso tenéis mucha razón, alimentad bien las lenguas del fuego y traedme mi escopeta que quiero limpiarla mientras veo morir mi pasado, nada debe quedar en pie, nada de los restos del naufragio, nada salvo nuestros brazos y piernas para iniciar de nuevo la búsqueda de la nueva Afrodita, de la Mujer…

— ¿Señor?

—Oficial tenemos que encontrarla donde quiera que esté y cueste lo que cueste, ¿lo entiende?

—Sí señor.

—Ahora déjeme disfrutar de esta marea roja.

Se oyen a lo lejos chirridos de madera quemándose, mientras el capitán termina de pulir su escopeta, las brasas se graban en la memoria de los vientos.

—Listo, prosigamos con la búsqueda, esta vez hacia el sur, iremos al sur, a donde las engañosas amazonas…

Ella me suelta:
— ¿Estás bien?

Me parece decirle:
— No Afrodita no estoy bien, estoy jodido, derrapando en la mierda que yo mismo he creado pero me da lo mismo, de todas formas no creo poder salir de aquí en mucho tiempo, algo tengo que aprender de todo esto, algo chingada madre, algo…

Pero lo que en realidad le tiré fue:
— ¿Eh? Sí, creo que sí… ¿oye entonces te hablo?

Me cierra el ojo y suelta:
— ¿Para qué?

Lo dice con el más grande desapego de ese que no esperas en una mujer. Y ¿qué puede generar ese desinterés que oscila entre el fingimiento y la aseveración? Pues una felicidad encabronada producto de la falta de compromiso.

Afrodita y yo salimos unas cuantas veces más y luego ya no supe de ella, no la busqué, o tal vez sí lo hice pero no la encontré, o tal vez toqué durante mucho tiempo las puertas equivocadas; no lo recuerdo del todo, será que yo me hundí prolongadamente en el archipiélago de las sombras, donde su luz no ha vuelto a llegar.

Me hundo sin ti en mi navío de goma de mascar y boletos de camión (No más veintiunos).

Me hundo en la basura, entre filtros de café quemado y frascos semivacíos de miel de maple.

Me hundo entre las comandas, las demandas de los clientes y todo lo demás.

Sin tripulación, sin capitán, sólo un vigía atrapado entre las velas, donde corre el aire hacia adentro y hacia fuera, apretando, asfixiando.

ENSAYO SOBRE LA PARANOIA.

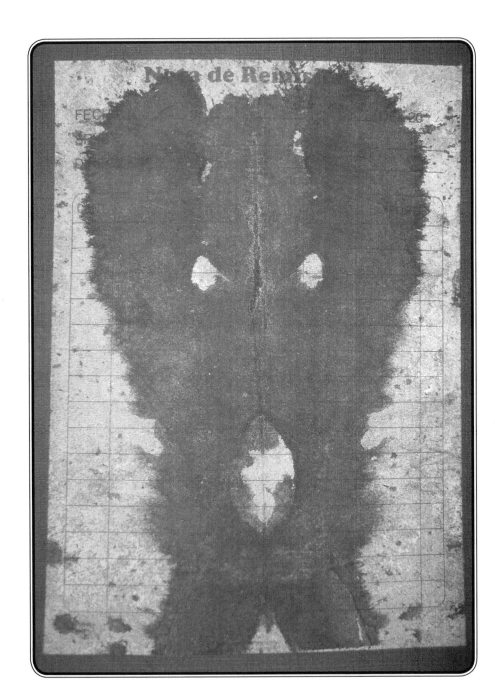

Hoy salí del trabajo de servir comida, bebida, y sonrisas falseadas como lechugas de cera romana.

–Horacio préstame tu hitter que me doy un toque.

Me pasa el *hitter* en la isla de cubiertos frente a unos clientes con camisetas del Che Guevara, boinas con estrella roja por el frente, morrales descocidos, y la típica actitud de los que se sientan a hablar estupideces que no resolverán los problemas del mundo. Mientras, beben el inevitable café americano de hace dos horas y seis taquicárdicos *refills*. Hablan algo acerca del fin del capitalismo, vaya intelectuales horas-nalga-de-mierda. Trato de contenerme pero no lo logro, al fin y al cabo, son de esos pendejetes que no dejan propina, así que les escupo en medio de la mesa:

– ¡A trabajar cabrones, vamos, a trabajar, sólo son teorías y bla bla bla, sólo se cargan con la facha de izquierdistas, de rojos de corazón, con ropita comprada en el tianguis, cuando el Che no sólo hablaba sino que tomaba las armas!

Perplejos, indignados, pero callados, actitud típica de cuando agarras desprevenidos y en plena movida a faroles de estos. Horacio ve toda la acción y voltea la cara hacia la isla de cubiertos, carcajeándose por la situación tan patética que se ha generado. Luego viene a mí con un tono de: Tenías que hacerlo pinche loquito.

–Ya me chingaste con la propina de esta mesa.
–Ya sabes cómo son estos que no dejan propina y se pasan las horas pidiendo café gratis, mira que hasta te hice un favor, dejándote la mesa libre para clientes que sí consumen y dejan propina, además nuestros camaradas ya se van ¿verdad camaradas?
Escupen:
– Chinga tu madre pinche esclavo del sistema.

Me gritan dejando el dinero sobre la mesa, voltean con una mirada de escopeta resentida, pero Horacio y yo la sostenemos con muecas cínicas conocidas. Se largan.

Me suelta:
—En una de estas nos corren.

Le tiro:
—En una de estas renuncio.

Suelta:
—Espérame que yo también quiero fumar.

Horacio termina de limpiar su estación de trabajo, y después de una exhaustiva revisión del gerente, finalmente checa su salida en la computadora y nos largamos. Salimos del centro comercial, y empezamos a darle unas buenas caladas al hitter improvisado con una cáscara de limón. Nos metemos a un baldío a unas cuantas cuadras de ahí, doy una buena calada y meo entre cada ataque de tos. De pronto veo una sombra a lo lejos, que se mueve en nuestra dirección. Horacio y yo nos quedamos quietos tratando de distinguir de qué se trata.

—Un tira.
—Nah.
—Me cae que sí es un tira.
—Espérate.
—Nel si nos cacha fumando la va a hacer de pedo.
—Si fuera tira ya nos hubiera echado la luz, agárrate unas piedras.
— ¿De plano?
—Sí, ni pedo.

Nuestras manos sudan, mientras paseamos las piedras entre los dedos, pero cuando la sombra está bastante cerca, vemos que se trata de un viejo perro callejero que sólo busca comida.

—Y si le doy el limón.
—Se va a poner pacheco.
— ¡Jajá! ¿Qué ya te vas? vamos a tomarnos unas chelas a casa del Chahuistle.

–No yo ya me largo debo terminar un ensayo sobre la paranoia.

–No mames ¿y eso de qué se trata?

–Será un ensayo vivencial a campo traviesa con barricadas de cemento las cuales hay que brincar, ¿gustas? Habrá además policías y yonquis.

– ¡Jajá! No, paso, cámara Centauro que te vaya chido.

–Toma camarada luego nos vemos.

Salgo disparado hacia mi cuarto.

Alguien me dijo que por mi manera de caminar pareciera que reto al mundo, que camino muy deprisa como si anduviera descalzo por las calles cubiertas de carbones ardientes, alguien me lo dijo, una mujer, una prostituta creo. Se me ocurre tomar un taxi pero declino la idea, la noche está perfecta para caminar y drogado mejor, entonces me voy a la avenida principal. Un taxista se detiene a mi lado para preguntar si me puede llevar a algún lado, lo pienso un momento, y por alguna razón de esas que siempre me han llevado a tomar decisiones que oscilan entre la necesidad de emociones fuertes, y la absoluta perplejidad del momento, le pregunto el precio:

–Cincuenta o ponemos el taxímetro.

–Cuarenta y nos vamos.

–Súbase.

En un taxi drogado.

Comienza el ensayo.

Vengo subido de *skunk* como cucaracha en patineta, pero aún así me he dado cuenta de que el chofer ha notado mi estado al verme por el espejo retrovisor, hace una mueca de odio y desprecio que intenta ocultar tras una falsa sonrisilla de indulgencia autocomplaciente. No me engaña. Además, no hace falta mucha luz para ver mis ojos perdidos en los postes de luz a los lados de la calle, entonces lanza una inspección más y la cosa empieza a derrumbarse. ¡Sileno grandísimo hijo de puta tiempo sin verte!

Me prueba:

– ¿Hasta dónde entonces?

–Pavo y… Federalismo, que diga, Mexicaltzingo.

Habla por el radio:

–Sí, tengo un diez catorce aquí cerca de la glorieta colon.

—Aquí estamos en un diez veintitrés vamos a esperarlo para proceder.
—Estoy a cinco minutos, diez cuatro, cambio y fuera.

¿Será verdad lo que he estado escuchando, un conjunto de claves que
tienen como fin darme a conocer mi siguiente confrontación con la vida, o
será únicamente que la hierba me está haciendo imaginar palabras que no
han sido pronunciadas? Pero todo sonó tan claro, y su evidente conducta
no deja lugar a interpretaciones equivocadas. Algo han venido tramando
estos eunucos, una trampa a caballo de Troya con un solo guerrero dentro,
medio muerto y con una sola posibilidad. Por si las dudas vuelvo a confiar
en mi instinto, sé lo que estoy por hacer.

El taxi hace alto en un semáforo mientras el chofer mira alternativamente
el camino, mis ojos, el camino, mis ojos, el semáforo. Está tan seguro de
que al llegar a donde presuntamente me han de agarrar, el muy cabrón me
robará por completo, no sin antes acomodarme unos cachazos por obsequio
de los *puercos* (por aquello de la seguridad a terceros y el doblegamiento de
la voluntad de intentar pelear y huir). La paranoia hace que me tiemblen
los pies, y en un segundo estoy fuera del auto, azotando la puerta, y
escupiéndole al taxista, me pregunta que qué pasó, que ¡Ora hijo de la
chingada! y yo de nuevo escupiendo de rabia en su dirección mirándolo de
frente, salgo corriendo hacia la próxima avenida, el muy hijo de puta acelera
y toma el retorno, me alcanza en la primera intersección de avenida López
Mateos, antes del paso a desnivel, pero yo tengo a los autos estacionados de
mi lado, así que ahí no hace nada, entonces corro en zigzag entre las calles
alternativas buscando perderlo, casi me alcanza a no ser por unas bollas y
un par de topes que lo entretienen regalándome valiosos segundos, voy
corriendo a todo lo que dan mis pulmones ahumados, algunas calles más
adelante me vuelve a dar alcance pero ha quedado varado por un camellón
que se le cruza en el eje delantero, entonces acelero el paso.
Lo veo un par de veces más a la distancia pero él ya no me ve, lo perdí en un
rodeo de calles desconocidas, el pulso se me aquieta y nuevamente la calma,
pero aún hay residuos de la hierba en el sistema. ¡Ah un tirón! No mames
como duele. Me detengo un momento para frotarme la pierna derecha
siento como si la pantorrilla fuera a salir botada abriendo un cierre en la
piel. Me levanto como puedo y camino por un parque, dos patrullas me
cierran el paso los agentes me miran, yo no, y antes de que abran la puerta
para bajarse me aseguro de que puedo correr aún más hasta perderlos, con
o sin tirón, o en su defecto, darles algo de dinero, o proferir uno más de

esos apasionados discursos marca Hermes Centauro, sobre la libertad de fluir como uno quiera por la vida, pero dejan de mirarme y siguen en lo suyo con su café. El café a estas horas de la noche es demasiado bueno para dejarlo de beber por un sudoroso joven adicto. Camino aún cerca de una hora, después estoy en casa. Son las tres y treinta. ¡Jajaja vaya puto rodeo! Llego al cuarto con la pierna adolorida, y saco la pipa del hashish para calmar los nervios, esta mierda de paranoia sistemática me cae bien, terminó el ensayo vivencial.

¿Ahora lo ves Bob? Estos culeros no te dejan fumar, no te dejan vivir, ¿Qué harías tú en mi lugar? Mhmm ¿Quieres un poco de ganja? Sí, ¡Fuuuuhgh Ahhh! pero qué harías. Fumar y cantarle al amor mi hermano. ¿Qué clase de respuesta es esa Bob? Reagge mi hermano, sólo reggae. ¿Bob? ¿Sí? Hacías buena música pero a veces creo que fumabas demasiado.

Prendo la tele, y la repetición de las noticias de la tarde, vuelve a pasar para llenar el tiempo aire antes de los infomerciales. Tarde de nuevo, las noticias, pero en realidad temprano. Noticias extravagantes, un perro chihuahua hembra adopta a cuatro ardillitas recién paridas, abandonadas por su madre. La perrita lame sus cuerpecitos y come sus cordoncillos umbilicales, al parecer les tiene aprecio. Dos días después se ha comido a todas las crías, pero claro, eso no lo muestran en la tele, eso igual yo lo sé, algunas madres en la naturaleza hacen eso, paren a sus críos, y luego los abandonan o se mueren, otras más los alimentan, los cuidan, y luego se los comen si no salen a tiempo de sus madrigueras.
Freud inhala rapé. Eh Freud tienes un hilo de sangre que te escurre por la nariz. Oh gracias. ¿Tengo razón? ¿De qué? De las madres y sus crías. Ah sí.

REAL DE CATORCE.

Estoy muerto.

No, sólo estoy derramado sobre la mesa con vómito hasta las rodillas, a las ocho cuarenta y cinco, en una incertidumbre de sábado por la mañana. Me levanto, y una zozobra centellea mis cervicales, no me extraña, me digo y enciendo un cigarro. Otra bacanal más, otra vivencia con las patas caladas en el lodo, lodo hasta el cuello, lodo enfermo brotando desde las cuencas donde solían estar mis ojos, y un dragón de Komodo devorándome la espina dorsal desde el cráneo. ¡Qué mierda! Hermes está muerto, es casi un reptil de escamas gruesas y saliva venenosa, y mientras experimento los estertores iniciales de la mutación, un gemido que viene desde el baño interrumpe la ceremonia, alguien se queja.

—Ah puta madre outra vez me iené de mierda.

Entro zigzagueando.

—Eh qué pasa.
—Nada que me embarre la verga en la puta taza mire.
—La madre que parió ¿y esa chingadera?
— ¡Sí eh treinta centímetrous! todou un personaje ha estado en muchous ladous pero parece volver a la mierda y los meadous, Robert Smith actour de puorno extremou, muchou gustou aquí tiene mi tarjeta.
—Sí mucho gusto ¿y siempre se le ensucia o qué?
—Cuando no soy cuidadosou, siempre tengou que apoyarla en el muslou mientras leo el periódicou perou luegou me distraigou y se me va a la mierda.
—Si bueno ¿ya terminó o tengo que mear en la maceta?
—Oh sí disculpe.
—Gracias. Piiiiiiiiiiissssssssssss piiiiiiiiiissssssssssss"
— ¿Oiga de quién es el lugar?

—No lo sé sólo recuerdo que alguien estaba pasando jarros de pulque…
había música norteña…y un chingo de gente con fusca.
—Eso mismou.
—Si no le importa me gustaría cagar.
—Ah clarou con permisou.
—Pase usted.

Vaya tipo, el mundo se me esta derrumbando para convertirse en un
laberinto de cráneos desconocidos y él hablándome de problemas fálicos.
¿Es esta mi vida ahora? Parece que sí, bien hundido, una esfera invisible
amarrada de un hilo material a la tierra. Perplejidad absoluta en tono de si
bemol.
Anoche soñé que estaba amarrado de los pies, volteado de cabeza, mientras
un ser hecho de puras palabras en forma de silogismos, me arrancaba unas
pequeñas alas pegadas a mis tobillos. La sangre me supo nada.

¿Y si los sueños tienen las respuestas, y si por medio de ellos encuentro el
camino? Tal vez debería asesinar al gerbo.

No importa ahora tengo cosas que hacer, me meto a bañar me pongo la
camisa… los pantalones… los zapatos… estoy fuera.
En la calle, la gente y los celulares, mutando en geometría descuidada.

Palabras cachadas al aire:

"No puede ser, él tiene la culpa"

"Entonces quedamos ¿no? Bay"

"Pero señor los permisos llegan hasta el lunes"
"Si amor yo también te amo mua"

"Hoy lo entierran capilla San Carlos"

Un bolero tuerto con las piernas amputadas se acerca arrastrándose dentro
de su carrito.

—*Tezcatlipoca está encabronado que no veas supo que te follaste a la Coatlicue.*
Sí, anoche en tu sueño te cogiste un cráneo con víboras y manos, luego no

contento con eso fuiste a ver a la Coyolxahuqui la violaste la desmembraste y tiraste sus pedazos al canal de aguas negras, jek jek mira todavía traes sangre en el vientre, Tezcatlipoca está de mierda, dice que en cuanto te mires al espejo te va a convertir en humo.

–Ese ya está muerto y si revive lo mato yo mismo, además yo no follo con dioses.

–Pendejete que eres a ver si llegas al final del día de hoy, jek jek.

– ¿Eh qué?

–Que si le damos una boleada a los cacles.

– ¿Qué dijiste?

–Que si le damos una boleada a los cacles.

– (…) ¿Cuánto?

–Veinte varos.

–Órale pues.

Antes le dábamos a la búsqueda de templos para preguntarles por conocimiento, ahora los encontramos y los quemamos. Que se mueran las heridas, que se aniquile así mismo el arrepentimiento, condenemos la mitología de nuestra vida, para obligarnos a creer al menos en una onomatopeya heroica.

Entro al departamento Morelos #979 pies desnudos y una peste hippie saludan mi olfato, dieciséis cuerpos hediondos repartidos por el suelo de la entrada, entre envases de caguama, jarabe para la tos y restos de choras, saco un poco de hachís, lo pongo en la cabeza de mi alfiler portátil y enciendo la minúscula bolita de goma ocre. Todos están pintados de distintos colores, uno de ellos llama mi atención, pintado en todo el cuerpo de azul, esquelético, parece un Krishna en ayuno prolongado. El humo despierta a las siluetas apestosas y descalzas que van saliendo de su sobredosis nocturna de jarabe para la tos. No tardan en acercarse como serpientes, al origen de toda esta entropía, al contador de historias de depravación, de auto conocimiento, un tradicionalista oral con picotazos en el alma.

– Qué onda carnalito ¿me regalas una fumada?

– Simón ¿va? para mí también.

– Voy tercios.

– Luego sigo yo ¿va?

Estos perros se mueven al compás de una vida de parásito, todavía no les digo que sí cuando ya están todos haciendo fila. Fumo algo más y les dejo un poco en el alfiler, obviamente no les dejo mi encendedor. Me levanto y voy hacia la improvisada biblioteca que ha sido ocupada por una pareja a la cual agarro fajando bajo las sábanas, los asusto con mi interrupción y los veo mientras lanzo una carcajada.

– Eh, sólo vengo por unos libros.

Salgo y voy al cuarto del Maestro.

– Buenos días Maestro entonces qué, ¿playa o desierto?
– Desierto ¿no? Estos se van en un rato más, de aventón.
– Bueno entonces desierto será.
– ¿Estos quiénes son?
– Amigos del Chac Mool y de Queko.
– Hippies de mierda.
– ¡Jajá! sí.
– ¿Tú los conoces?
– No.
– ¿Y se va toda la banda?
– Unos, otros se quedan.
– Yo no dejaría la computadora así nada más, ni los conoces, digo a menos que no te importe arriesgar que te la roben.
– Pues sí me roban que no me los encuentre.
– Mira.
– ¿Qué es?
– Hachís.

Así que nos vamos, camino a tres escalas San Luís, Real de Catorce y Wadley. La primera noche llegamos al centro de San Luís a parlar una o dos cosas con la banda, una clase de fauna que se da en las calles del centro de la ciudad, y que consiste principalmente en una mezcla de malabaristas adictos a los inhalantes, algunos payasos pegados a la piedra y uno que otro cholo que carga coca rebajada con talco y mota coquera de pésima calidad. Platicamos un poco con ellos sintiendo desde luego una sensación de inseguridad, esa que surge cuando tratas con gente de calle. Sin embargo esa inseguridad sólo es una alarma que desprenden ambos, un olor predatorio de auto conservación en el cual, aquel que dude en los momentos fundamentales está completamente jodido. Fumamos hierba y viendo a los malabaristas pintando la noche con su fuego, el Maestro está por allá, intrigado por la forma en que debe moverse

la muñeca al mover el kendo, yo por mi lado le he pedido al cholo su guitarra totalmente desafinada. Estamos cantando canciones del Tri, cuando entre tragos de aguardiente y marihuana el Maestro entre tragos de aguardiente y marihuana, entonces en una fracción de segundo el Maestro deja caer el kendo mirándome afectadamente y prepara los puños, pero no soy yo al que mira, sino al que está a mi lado un payaso drogadicto al que llaman *El eléctrico*, pegado a la piedra y las tachuelas como nadie en la ciudad, y obviamente todo un ladronzuelo, entonces el Maestro me tira:
– ¿Mi cartera?

Lo veo y le voy:
– No sé.

Asiento con la cabeza al tipo que está a mi lado, por el frente el cholo mira con cierta indignación toda la secuencia mientras mata el último trago de aguardiente., El Maestro va y mueve de su sitio al *Eléctrico*, que curiosamente se había tomado la molestia de sentarse sobre ella para protegerla de las manos ajenas, entonces el Maestro la toma y le dice:
– Nomás no se pase de lanza chompa.

El cholo explota, escupe al piso y nos viene:
– Ese, aquí nada se pierde.

Le cuenta el Maestro:
– Sí yo lo sé pero ni te conozco ¿no?
– Pos yo nomás le aviso carnal que aquí nada se pierde, y el que venga diciendo que aquí roban pues va tener pedo con la banda.

Entonces nos paramos, me acerco al Maestro y al cholo, todos los demás han oído el disparate y han venido, nos miramos en silencio por un largo rato, el cholo asoma la punta de su cuchillo, todos en posición de ataque, tambores de guerra tañen, y en dos segundos el cholo se desangra desde el cuello por efecto de una navaja, en dos segundos su costado se abre a la luz nocturna de la plaza, dos segundos estrellan su cara contra las piedras de la jardinera, en uno dos, me veo rompiendo el brazo que albergaba la cuchilla amenazante y patética del cholo. Sólo dos segundos me toma proyectarme en un bufet de futuros incognoscibles, inexistentes. En eso llega una rubia rastuda a enfriar toda la situación, y nos invita a un rave en las afueras de la ciudad.

Escupo al suelo mientras veo con sorna a todos los que nos rodean:
– Tiene razón Maestro, aquí nada se pierde todo es útil, aquí el barrio tiene razón.

Le guiño al Maestro y este se caga de risa.

– Si verdad aquí nada es perdido ¡jajaja!

Así que se calma la situación y nos vamos al rave, estamos un rato y después de estar brincando algunas horas nos arrancamos hacia Real de Catorce. El Maestro y yo, recorremos el camino pasadas las tres de la mañana, ahora nos desviamos a un lado de la carretera.
Matorrales/ piedras/hormigas.

Le suelto:
– Hay que descansar para empezar mañana temprano antes que nos gane el sol.

Me viene:
– ¿Aquí?
– Sí ¿qué no?
– Pues bueno a ver si no nos pica una viborita.

Me dice el Maestro con esa particular mirada que nos indica que algo poderoso está por ocurrir. Entonces le suelto:
– Pues entonces ya nos tocaba ya será nuestra hora.

Se caga de risa y acomodamos las cobijas en la tierra y nos acostamos. Ya no pasan coches por el camino, los neones del prostíbulo al otro lado del camino siguen dándole con su: girlS girLS giRLS gIRLS HOT GIRLS.

En el sueño el dragón acecha desde el arbusto espinoso viendo a la distancia el lomo escamoso del contrincante, aquel no se mueve salvo cuando palpa la temperatura del lugar con su lengua bífida, repentinos movimientos de izquierda a derecha. Remolinos de arena chocando impiden ver con claridad más allá de la nariz, el primero de ellos se yergue sobre sus patas traseras abriendo su bocaza, el otro que estaba de espaldas es mordido atrás del cuello, ambos reptiles inmensos sibilan dando toscas vueltas, se arrastran, dos guerreros Sumo, dos Dragones Komodo descendientes de dinosaurio,

ambos esperan el siguiente ataque, dos fuerzas antiguas demasiado viejas
para vivir con ellas mismas…

– ¡A ver culeros cáiganse con todo lo que traigan!
– ¿Eh qué?
– ¿Qué paso?
– Cállense el hocico y cáiganse con la feria.
– ¿Qué pedo qué pasa?
– ¿Qué cuál feria?
– ¡¡A con que no saben pos pa´ que se acuerden!!

En la oscuridad de la noche nos llueven golpes y patadas por todos lados,
como piedras durísimas. Alcanzo a ver las manos del maestro intentando
bloquear las piedras que nos lanzan, antes de perder la consciencia.

Los sueños y su vocabulario se asemejan a los chillidos maniáticos que
produce un gerbo cuando es violado.
Es medio día y el maestro me habla desde su boca reventada:
– Creo que fue el cholo.
– (…) mejor vámonos de aquí.

Me duele todo el cuerpo y me cuesta trabajo levantarme. El maestro se
recarga dolorosamente en el árbol, tratando de mantenerse en pie, nuestras
cosas han desaparecido y hemos andando a pie al menos la mitad del
camino a Real de Catorce. Llegamos a una pequeña comunidad y nos viene
un anciano lugareño con pinta de santero:

– Tan bonitos sus huaraches ¿a cómo los vende?
– Eh sí gracias pero no los vendo.
– ¿Por qué no?
– Jajaja ¿le gustan mucho?
– Pos sí aquí no los hacen así de bonitos, pos de a cómo porque mira yo ya
no tengo zapatos ni nada para mis pies.
– Pues si le gustan tanto se los cambio por fruta y agua.
– Toma este morralito ai´ trai´ naranjas y este garrafoncito aista´ el pozo
pa´ que lo llenen.
– Gracias.
–No estaban atentos, ¿verdad? Les pusieron una madrina.
–No, no estábamos atentos.

–Pongan atención.

El Maestro se acerca para preguntarme mientras lleno el garrafoncito con el agua del pozo.

– ¿Te la vas aventar descalzo todo el camino?
– No tenemos de otra.

A veces creo que el maestro me ha puesto ha prueba todo el tiempo que llevamos de conocernos tan sólo para conocer mis reacciones. Maestro atípico, alumno disidente.
Intentamos tomar varios aventones pero no pasa nada. El sol del medio día ya empezó a calarnos las nucas, y a mí los pies. Nos vamos al lado del camino por algo de marihuana, me pongo unas buenas caladas y enseguida me voy a cagar, regreso a fumar un poco más, nos levantamos, lentes oscuros y dale que ya va siendo de agarrar un buen aventón.

– Oye Maestro me parece que tu eres el salado.
– Creo que sí ¿y si me transformo en cactus?
– Dale pues que yo acá pido el aventón.

Entonces se encorva un poco y ya es un cactus. Viene una troca con caja larga, este es.
Y ya estamos bajándonos en el cruce de caminos que lleva hacia Real de Catorce no sin antes cambiar algo de goma por unos sombreros.

– Gracias.

El sol se muere. Así que cortamos matorral para una fogata. Cavamos un pozo para proteger las ramas del aire. Un cerillazo efímero y Sísifo está contento, jodido pero contento, viéndonos mientras empuja su cíclica piedra.

– ¿Y el hash?
– Ese para después de la última sesión de hikuri.
–Nos vamos a cagar de frío.
–Pues fumemos para no sentirlo.

Se viene la lluvia y amanecemos entre cenizas y frío desértico, hacemos otra fogata y un auto se mete a la duna que anoche no distinguimos. Este compa de Nuevo León pregunta por hikuri, le digo que conozco un lugar cercano y vamos a él. Cinco minutos después estamos ahí cortando cactus al nivel de la tierra.

Les digo:

— Sólo corten cabezas de diez o mas gajos o les da mal viaje.

Al rato ellos están comiendo sus porciones y nos ofrecen floripondios, así que vienen adentro cuatro de esas hermosas flores, mientras uno de ellos viene y nos dice que un viejito:

— Me enseño a preparar este, el ololihuqui le arrancas las semillitas, pero primero lo dejas secar, luego mueles las semillas, y el polvito te lo tomas en jugo de naranja o te lo fumas en pipa, llévate esto para que lo prueben, al cabo aquí traemos más.

— Gracias compa.

— Agghk esta madre de peyote está bien amarga.

— Tomen, cómanselo con naranja para que le bajen el sabor.

Así que haciendo la multiplicación de las naranjas y nos subimos al carro rumbo a Real de Catorce.

Compramos chilacayote en la entrada del túnel a unas niñas, que es un tubérculo de mierda que te absorbe el agua de la boca y te la deja más seca que la chingada. Cruzamos cerca de un kilómetro a través del túnel de adobe que cruza el cerro para llegar al pueblo, nos bajamos y se produce la magia de la empatía química, el primer nivel del efecto nos pega a todos en el mismo momento, a mí la flor a ellos el cactus. Arrastrándonos por las calles de Real de Catorce, llegamos seis horas después a un puesto de quesadillas a devorar. Se quedan unos, salimos otros y así hasta que el Maestro se queda solo y nadie ha pagado la cuenta, así que él paga, viene hacia mí con el temperamento de Huitzilopochtli al enterarse que se querían joder a su madre estando a punto de parirlo.

— Oye Centauro qué pedo con estos.

— ¿De qué Maestro?

— Se salieron sin pagar.

— ¿Y tú pagaste?

— Sí.

— ¿Y cuál es el problema?

— Pues yo saqué de mi dinero.

— Mira no se van sin nosotros, eso es seguro, si quieres les cobras si no, no.

– ¿Sí verdad?
– Acabas de comer hikuri?
– Sí.
– Pues entonces piensa hikuri.

Dos horas después se compran un frasco de cajeta en el mercadito rural y nos vamos al cerro, ellos a comer el peyote restante. Yo estoy sentado en el megalito de la cima, bebiendo agua cual perro sediento por culpa de la flor y el tubérculo, en eso me veo las manos completamente borrosas, las alejo y las acerco zoom in, zoom back, zoom in, zoom back, close up, big close up, close up, big close up, big close up, extreme close up y entonces desaparecen, desde sus mismos átomos, vibrando en sí mismas, dejando una estela de blancos y negros al moverlas igual que sobreexposiciones fotográficas, que luego cambian. *Manos azules, rojas, magenta, amarillas, rosas, verdes, violetas, naranjas, cyan, transparentes, manos acetato, manos de agua, manos de fuego, manos de tierra, manos gigantes de aire que abrazan al universo entero, pies de fango, de terremoto invencible, corazón de huracán, mente de tsunami en reposo, torso de brasas, pies de brasas andando en ellas y brasa de sikh entre los dientes, todo yo una turbulenta enredadera de insospechadas proporciones emocionales, todo yo una esfera de tierra, agua, aire, fuego, éter. Todo Éter.*

Seis horas después voy en el auto sardina, absorto, viendo las amplitudes de onda tan distintas de las cosas, me digo que tal vez sea cierto eso de que no hay maldad que del bien no venga. Caes en esto por decisión. No por debilidad. Caes por voluntad porque sabes que caer es sólo ascender por otro aspecto de la materia, caes para conocer la segunda parte de ti mismo, tu dualidad emocional, tu pensamiento bipolar, tu concentración y tu falta de concentración. Caes durísimo pero te levantas, un guerrero mexica sin un brazo, con una pierna atravesada por una lanza y con el hacha de obsidiana en la otra mano en guardia total.

El Maestro dice:
– Estás sangrando, tienes sangre en la frente.

Regresamos al campamento, ellos van de regreso a León, nosotros llegamos a Wadley. Nos asentamos en el desierto, no sin antes el Maestro cambiar el hachís por 200 microgramos de un sospechoso y supuesto LSD a un químico que encontramos en el pueblo. En su tiendita o droguería sintetiza la sustancia psicoactiva de las plantas que encuentra para convertirlas en

drogas químicas destinadas a la venta de menudeo. Y a comer hikuri, sólo yo, porque el Maestro va hasta la madre del cacto. De un carrizo improviso una pipa, caliento la navaja un poco y corto un pedazo de la esfera de opio, amaso la pequeña porción entre los dedos que atino luego en la punta del carrizo.
Lo despierto.

– A fumar Maestro.
– Bien.

Dicen que nos vieron llegar caminando a Guadalajara, sucios, con un costalito del cual sacábamos naranjas y se las regalábamos a la gente, dicen que yo venía descalzo sonriéndole a todo el mundo con las patas reventadas, mientras el Maestro hacia malabares con naranjas. Eso dijo quien nos vio, Queko un malabarista callejero de ambiciones meramente parasitarias.

– ¡Federalismo y Vallarta vato ahí los mire venían haciendo circo por la calle jajá, vato todavía no me tocaba el alto y los vi pegando de brincos y gritos y regalando naranjas vato!
– Cómo ves Centauro eso fue lo que me contó el pinche Queko jajaja!
– Yo recuerdo hasta donde vi el humo del opio Maestro y luego ya estábamos en tu departamento, tú vomitando en el baño y yo con unas chistosas convulsiones en medio de la sala.
– Oye por cierto nos robaron, a mí un celular, a una chava que vivía ahí quinientos pesos y a ti los libros de Robert Frost.
– ¡Puta madre!

Robert piensa unos momentos y dice:

Ahora me voy afuera caminando
El desierto del mundo,
Y mis zapatos y mis medias
No me molestan.

Dejo atrás
Buenos amigos en la ciudad.
Dejemos que beban bastante vino
Y que luego se acuesten.
No crean que me voy

Desterrado la oscuridad exterior,
Como Adán y Eva

Olvida el mito.
No hay nadie
Que pueda expulsarme de aquí
Ninguno que pueda echarme fuera.
A menos que me equivoque
Sólo obedezco
La llamada de este canto:
Me voy... zarpo ahora!
Y podría volver
Si no me siento satisfecho
Con lo que he aprendido
Al haber muerto.

¿Frost? Dime muchacho. No pude haberlo dicho mejor. Gracias pero detesto la lambisconería.

-Qué jodido Maestro y sabes ¿quién fue?
-Un ratilla de los que se quedó ahí, amigo del Chac Mool, ese compa también se desapareció pero donde lo vea le voy a rajar jajaja!... aunque yo creo que el universo se está encargando de ello justo ahora.
-¡Eso es Maestro el u-ni-ver-so se encarga de todo eso jajaja!

Esta conversación fue hace más de seis meses desde entonces no he ido al departamento. Hoy me encontré al Maestro por el centro de la ciudad, lo vi y nos abrazamos y nos cagamos de risa un buen rato, me cuenta que estuvo todo imbécil en el trabajo, se le iba el rollo y eso, pero que ahora ya va mejor, le funciona bien la cabeza y todos los demás sentidos dice que se afinaron, pero que sí estuvo muy cabrón. Me despido diciéndole que luego paso por el depa, que he estado ocupado organizando cosas, nos damos un gran abrazo, le alboroto el pelo un poco y me voy a fumar *hash* al parque.

He llegado a un café Internet y estoy viendo un video de una pelea de Muay Thai con enanos. Ochenta centímetros el más pequeño y el otro un poco más grande no rebasaba el metro completo. El más chico es más fiero, tal vez se deba a que tiene que compensar, el otro en tanto se encarga de seguirle el juego al más chaparro, recibiendo y dando uno bueno de vez en cuando. Un Pantaleón y un Arlequín en plena improvisación. El más pequeño, Par Koo, asombra al otro cuando se para de manos y lo patea de cabeza con tantas fuerzas que casi lo noquea, se repiten un par de veces esas patadas y luego todos sabemos que no sólo es de fenómenos, también está arreglada. Sigo navegando, se abre una página de zoofilia o pornografía animal, eso es, putas con caballos, putas con perros, putas con borregos o con el puto animal que se te pueda venir a la mente. Clickeo en una con serpientes, y sí, se mete la cola de la serpiente por todos los agujeros, hay otro más imbécil, la mujer se pone a cuatro patas mientras un perro se la folla, cuando acaba que es alrededor de diez segundos, el pito se le atora en el culo de la otra, y así duran cerca de cinco minutos, hasta que alguien les tira agua fría y se separan. Aparece en la pantalla publicidad cibernética tambaleante: *El retiro espiritual, ese prozac tan buscado y tan querido que no ese encuentra en los frascos de tabletas de las farmacias*. Me quedo pensando en esto último, cuando una imagen me viene a la cabeza. Me imagino una horda de caballos salvajes corriendo hacia un precipicio, sólo se oyen relinchidos cuando caen al fondo sobre piedras afiladas. Partidos, quebrados, reventados y esparcidos por todas partes, los caballos.

Me como unos higos pensando en que también podría comer unas mandarinas, entonces una cabeza de león, un cuerpo de cabra y una cola de dragón cruzan la pantalla a toda velocidad, Belerofonte va de persecución montado en Pegaso, atraviesan el monitor a la velocidad de la lanza de Aquiles.

En dos días consecutivos la paciencia es acribillada con balas de ignorancia y estupidez.

En dos días enjambres de avispones rellenan mi cabeza de palabras y pedidos y pedidos y...

Estoy cagando en los baños de *La Mirella* cuando entre los dibujos semipornográficos sobresale un escrito con navaja:

Pues sinceramente no lo sé, realmente no tengo control sobre estas cosas que llegan a mí, no ejerzo el más mínimo control sobre ello, simplemente suceden, digo las drogas, las armas, los castigos, el odio, la necedad, la sodomía, el amor, la muerte espiritual de un ave, la ironía de la mentira. La subvalorización de la verdad llega a mí con dolor, apenada cargando un veliz con fotografías del pasado. Yo escogí este camino, pude escoger cualquier otro, sin embargo este se encuentra ocupando mi presente, y tal vez luego lo vea a la distancia como un navegante herido, después de sobrevivir en la estrecha península de las sirenas.

Qué curioso no recuerdo haber visto nada escrito cuando entré al escusado, ni tener una navaja entre mis manos, ni que me hayan sangrado. Me quito la camiseta enrollándola en mi mano. Salgo.

BOX.

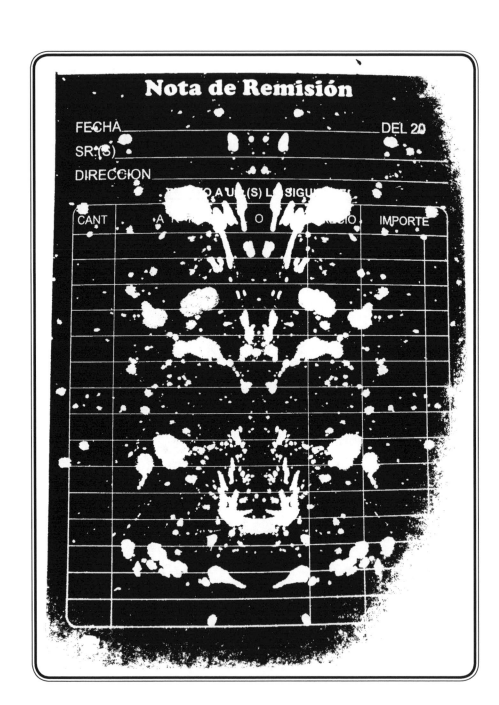

Es así, de repente lento, de repente en cámara lenta, de repente… cámara lentísima… nos vemos, vals de cobras reales… es así, de repente, lento… lentísimo… a pausas, como derviches que saben que en el mundo espiritual el tiempo es relativo… el tiempo es nada porque no existe… voy al frente de él, sin prisa, a pausas, en cámara lenta. Suelto una bomba a plazos con prima vacacional y todo… evade, viene su guante rubí, pasa un vendaval a escasos centímetros de mi rostro… una brizna refrescante, me digo. Entra… sale… entro… salgo. Y es así. Voy y suelto un cruzado en su oído… iba a su nariz pero alcanzó a protegerla con su tímpano ahora reventado… ¿Miedo? Para nada… ¿Dolor? No… viene el gancho a la mandíbula pero… lo he visto desde su hombro, no me sorprende… a pausas, en cámara lenta, lentísima, ¿Ves este jab salir desde el centro de mi clavícula? ¿Sí? ¿No? El lo vio y tampoco lo ha tomado por sorpresa… ríe, ahora es más difícil darnos de taladros, ahora es más sencillo darnos bofetadas eólicas… y vals… y malicia… y fintas… y engaño… vals. ¿Dudas? No, sólo se trata de un juego porque es así. Lento, a pausas, en cámara lenta, len-tí-si-ma-a-pla-zos… lento… en pausas… porque no hay prisas… bomba al estómago ¿La sientes no es cierto? ¿La resientes? Para nada ¿Verdad? Esto apenas comienza… vals y el puño estalla en su pecho, le gustan esos golpes que lo cimbran desde la médula, ¿Vio salir el guante desde mi hombro? No, porque es así. Un vals a dos cobras reales, el baile confuso de dos hipnotistas rivales, Houdini y Rasputín…
Box es así, de repente lento, lentísimo, cámara corriendo a dos cuadros por segundo… ¡Zap! ¡Zap! ¡Punch! ¡Punch! Es así, de repente lento, de repente en cámara lenta, un vals de repente.

2 DE MUERTOS.

Le suelto al Maestro:
– Pues dicen que en Pátzcuaro se pone de locos el dos de noviembre.
– ¿Pero qué eso no es hoy?
– Así es Maestro.
– No tengo dinero, me pagan hasta el lunes.
–Cuánto menos traigamos mejor ¿no? Además mi capital portátil tampoco es muy halagador, traigo seis pesos que me pienso gastar en un agua de horchata de la esquina.
– ¡Jajá! Bueno, déjame voy por el kendo, ¿ropa?
– Nada, con la que traemos puesta la hacemos, de todas formas yo tengo que estar mañana de regreso, y tu trabajas mañana por la tarde ¿no es cierto?
– Sí entro al restaurante a las siete, que tú no vas a ir a trabajar al café.
– Renuncié ayer, he juntado buen dinero por lo que ya tengo para vivir unos cuantos meses.
– Ah… ¿casa de campaña?
– No, allá conseguimos dónde dormir.
– Listo, vámonos.

El Maestro lleva cerca de un año practicando malabares con fuego, desde aquella vez en San Luís se quedó prendido del bastón kendo. Ambos somos iguales o muy parecidos, es lo que nos ha dicho la gente que nos conoce, que traemos el mismo tipo de pensamiento, inclusive hasta nuestros intereses van encaminados, sino por el mismo sendero, por uno similar. Si fuésemos por el último reducto de la tierra, un campo oscuro lleno de árboles y flores fantásticas, él sería una orquídea nadando en lsd, conduciendo un zeppelín en llamas, y yo, una flor de loto pasada de *johnnies* en caída libre. Dos partes de un mismo guerrero iracundo y decadente, dos partes de un guerrero melancólico por decisión propia.
La ira, la bufonada, el presente continuo como último resquicio de salvamento para guardar el alma.

Nada mal, hemos llegado en dos aventones. El primero fue una camioneta que nos llevó de Guadalajara hasta el entronque de San Juan de los Lagos, el segundo, un trailero cocainómano…

En el camino nos tiró:
– ¿Coca?

Le solté:
– No gracias, ¿mota?
– No, me da pa´bajo esa chingadera, luego me duermo.
– Ah con esta no, es tabaco mezclado con mota y semillas de chile.
– A ver.

Le pegó un jalón que luego no le paraba el hocico, ni mucho menos soltaba el pie del acelerador.

… que nos deja en la entrada de Pátzcuaro.

El sol va de muerte.

Es de noche cuando llegamos, el frío cala, pero no se le puede hacer nada. Hay barullo allá más adelante en el callejón de los artesanos, donde un borrachín está haciendo escándalo en el puesto de un peruano.

– Venga pues, vamos deje eso ahí deje los gorros.
– Brp voy hijo brp si nomás te pido que me alivianes con una lana hip pa´comprarme un charandita hip.
– Eh ya te dije que no tengo, no he vendido nada ni hoy, deje las cosas.
– Hip pero si nomás un peso o doooss brp guac!
El borrachín se vomita en el puesto del peruano, se carga con los gorros de lana y algunas pulseras, los inciensos al menos están a salvo. El peruano salta sobre la manta de su negocio jalándole los pelos al borrachín, para que siga en lo suyo pero esta vez hacia otro lado, cuando termina de lanzar efluvios estomacales el peruano lo abofetea dos veces y le pone una patada durísima en el culo que lo hace irse de boca contra el suelo empedrado. Briago, sucio y ahora sin dientes. Se levanta representando una comedia física lamentable. *Buster Keaton escupe iracundo: A mí ni me veas, estoy completamente avergonzado.*

El peruano limpia su negocio, pero cinco de los veinte gorros de lana ya no sirven para la venta, a la basura, veinte de las pulseras tejidas a mano, a la basura, los collares afortunadamente están a salvo, la gente mira con lástima al pobre peruano, pero a una distancia razonable pues el hedor del charanda de 55 grados convertido en vómito, es desagradable. El Maestro y yo nos acercamos al puesto.

– ¡Hijo de puta mira nada más cómo me dejó, ahí van mil pesos tirados a la basura!

Le suelto:
– Eh sí camarada ya se lo llevó la ley.
– ¿Ley? Cuál putas ley, a mí de que me sirve si ya me jodió el negocio mira nada más que peste, la gente ni se acerca, míralos, nada más de lejos ni que fuera museo.

El Maestro:
– ¿Porqué no te cambias de lugar, allá arriba se ve desocupado?
– Porque ya pagué por este lugar, además es de los mejores.
– Ah sí pero que no se te olvide camarada peruano que la vida es una improvisación, cuando te corten las piernas caminas con los brazos.
– ¿...? ¡Jajá! Tú estás loco.
– ¡Jajaja! Sí, el Maestro está bien zafado de la cabeza, pero aún así tiene razón camarada, tiene mucha razón aunque esta sólo aplica para bufones que estén preparados.
– ¿?
– Mira Perú ustedes tienen conocimiento de los andes, déjate de estupideces e improvisa, ¿no es cierto Centauro?
– Amén.
– Nosotros te hacemos el paro de cargar algunas cosas, al cabo ahí hay un lugar vacío.
– Vamos pues.
El peruano cambia de actitud, los artesanos de los puestos contiguos han oído la charla y también asisten ayudando a trasladar el negocio calle arriba.

Ya instalado en su nuevo local nos pregunta cosas básicas que de dónde somos, qué hacemos y eso. Saca de su maleta un envoltorio de color negro, dentro hay hojas de coca, nos ofrece explicándonos la forma de masticarla.

– Cof cof!
– Qué pasó Centauro.
– Esta madre está amarguísima.
– Jajaja.

Le suelto a Perú:
– Oye ¿y por qué no quisiste darle unas monedas, de verdad no has vendido nada?
– No, si dinero traigo pero no quise darle al mamón ese.
– ¿Por qué?
– No por nada es que… me recuerda mucho a mi padre y yo terminé muy mal con él, era un bebedor que nos golpeaba a mi madre y a mí, así que un día cuando cumplí dieciséis conseguí una pistola y que me lo trueno.

El maestro y yo fraseamos un pensamiento sobre nuestros padres, en absoluto silencio.

– ¿Lo mataste?
– No, no sé, lo dejé tirado afuera de la casa gimiendo, mi mamá estaba llorando, desde entonces no lo volví a ver, me la pasé viviendo en la calle haciendo de todo, aprendiz de carnicero, le hice a la mecánica, luego un señor me enseñó a trabajar el hilo, así que aprendí a hacer gorros y pulseras, hace un año regresé a esa casa, está muerto, lo demás pues no vale la pena contarlo, pero como dice este, el Maestro hay que improvisar ¿Cierto?
– Jajaja! Cierto.

Una constricción emocional atenaza mi garganta.

Dejamos al peruano con su local instalado y nos vamos hacia la plaza principal donde están los fuegueros moviendo al viento. El Maestro se acerca donde la gasolina mientras voy saludando a la banda del lugar, la mayoría son carcasas espirituales igual que nosotros. Nos vemos una vez más reflejados. Agarro un tambor que me prestan y hacemos un llamado ancestral.
El Maestro prende su bastón por ambos lados y ahí está ahora dándole a los círculos rojo azul amarillo, haciendo pases por el pecho, la espalda, entre

las piernas, para culminar con lanzamientos múltiples al aire. Termina su rutina cuando ya hay dos malabaristas más invocando llamas, uno con antorchas y otro con dos bastones cortos, son muy buenos, pero quien realmente me deja boquiabierto es una mujer de uno sesenta de estatura, morena con rasgos indígenas apenas sugeridos y un cuerpo menudo entronizado por dos esmeraldas. Entra bailando música africana tocada por mexicanos. Se descalza, hipnotiza a todos, llega al centro, toma dos boleadoras y las prende, entonces esta princesa maya describe la historia de su universo interno con un cuerpo de cenizas y fuego. Gira, se dobla, se contorsiona, se expande. Pide un voluntario para hacer pases alrededor, brinco al centro con todo y tambor, sin dejar de tocar, aumentando la velocidad, su presencia se aproxima, me ve directamente a los ojos cuando Heracles juega volados con un Zeus demasiado envejecido. No me muevo. Detiene una boleadora con su pie desnudo mientras la otra se ha escapado en el vortex de la noche. Termina. Mis ojos son los suyos, ella va donde los tambores para dejar sus instrumentos, enseguida voltea a verme porque sabe que yo también la veo, hace un gesto con la cabeza y me sonríe, así que dejo el *djembe*. Nos separamos del círculo mientras la música sigue, los otros pasan el sombrero.

Le suelto:
– ¿Quién eres?

Me espeta:
– No, ¿quién eres tú con esa mirada profunda?
– Pues soy… un demiurgo, un bufón.
– ¿Qué?
– Soy una sombra.
– ¿Ah sí? Pues yo soy Xel.
– Me llamo Centauro.
– No eres de aquí ¿verdad?
– No, soy de muchos lados.
– ¿Qué nunca respondes claro?
– Con las palabras casi nunca las uso sólo para divertirme, soy mejor con las acciones.
– Sí ya me di cuenta.
– Me encantó lo que hiciste.
– Gracias eso es sólo diversión.
– Pues para ser un hobby está de parte madres.

– Jajaja! Oye esto ya se acabó, va habar una fiesta que queda a una hora de aquí, ¿quieres ir?

– ¿Fiesta de qué?

– Electrónica.

– Yo paso, además con este frío…

– ¿Cuál frío?

– Ah pues sí tú ya estás acostumbrada.

– Traes casa de campaña o ¿dónde piensas dormir?

– No pues ni casa ni nada.

– Vente a la mía vivo cerca de aquí.

– Eh no gracias mejor sigo buscando otro lugar.

– ¿?

–Jajaja!

– Vámonos ya pues antes de que me arrepienta.

Bueno esta sí que es una guerrera tlaxcalteca, creo que le gusta rasguñar espaldas. El Maestro se ha perdido de vista, pero no dudo que se haya ido con una de las tamborileras, pues lo vi muy entrado en la plática.

Me corrijo, a ella no le gusta rasguñar espaldas, le encanta rasguñar espaldas, morder los labios y los pezones hasta el punto en el que el placer y el dolor se mezclan. Es de mañana, vengo por la salida de la carretera cuando a la distancia veo al Maestro con su bastón al hombro.

– ¿Qué onda Maestro dormiste bien?

– Sin frío y calientito ¿y tú?

– Pues no dormí pero tampoco tuve frío.

Nos cagamos de risa.

El dinero y las formas de hacerse de él.

¡La madre que lo recontramalparió para beneficio de una mula!

EL CASO DEL MAUS.

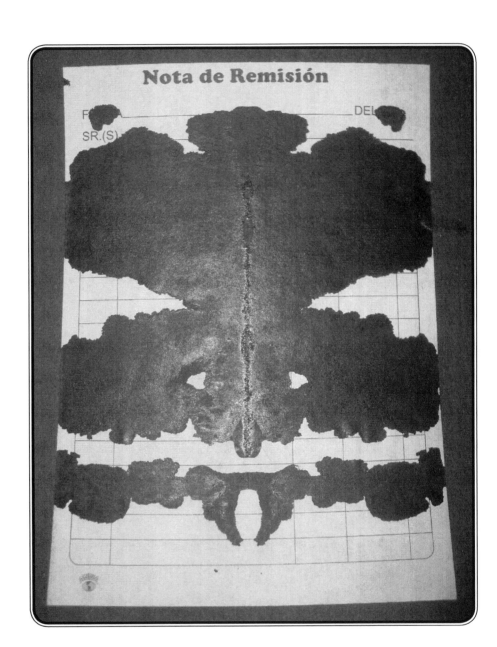

Tengo un ratón, lo he comprado en el mercado, me costó unos cuantos pesos, me cae bien, es gracioso y eso. El problema surgió cuando le ofrecí algo de piedra de cocaína, ahora no le puedo quitar el vicio. Hurga en mi cuarto, debajo de la cama, en el ropero, atrás de la estufa, entre los trastos. El maus está por todos lados, con una desesperación que duele ver, huele mi ropa para descubrir que no hay más de la recompensa que un día le ofrecí a manera de juego. Le he comprado una de esas cajas, que tienen una rueda que gira inacabablemente, hasta el punto del agotamiento, pensando que así podría sustituir su adicción por algo más sano. No funcionó. Ahora el ratón recibe su dosis diaria de inhalación de piedra que lo pone eufórico, comienza a correr por todos los treinta centímetros cuadrados del vidrio que comprenden su hogar, para luego dar paso a un sprint impresionante de cinco minutos en su rueda entrenadora, cuando se enfada de correr, viene al vidrio a mirarme por largos ratos, con una mezcla de agresividad, y engañosa intensidad vital producto de su adicción. El maus da de cabezazos al vidrio sin lograr nada, excepto exprimir sangre de la naricita movediza que todos los días amanece con una cicatriz nueva. Creo (y digo creo porque en realidad no estoy del todo seguro, ya que cuando llevas dentro un par de tóxicos es complicado distinguir lo que es real de lo que no lo es, o simplemente no te interesa en absoluto escuchar nada de lo que se dice) que me hablaba de poder, de muertes, me contaba de la vez que mató a un hombre cuando él era un hombre y no un ratón. Creo que hablaba tratando de impresionarme de sus pasadas osadías cuando manejaba a la gente a su antojo, siendo él, un líder funambulesco inmerso en la podredumbre de la que uno nunca sale hasta que se da cuenta de los síntomas.

Para corroborar la información que entre delirios supuse el ratón me había proporcionado, fui a donde el maestro para presentarle al ratón al cual he nombrado Baltasar.
The dead at night de Depeche Mode suena en el departamento.
Luego de ir a buscar un six de cerveza indígena, nos sentamos a beber, traía yo una roca diminuta que era para nuestro uso exclusivo, claro, el maestro y

yo prometimos apuntar el vapor residual de las fumadas, hacía la naricita del ratón, entonces vino el efecto, taquicardia (nada del otro mundo), euforia y una necesidad de tener que dominar la situación, ser el jefe de la tribu, ser el guerrero cocodrilo, no, ser el reptil entre los reptiles que habitan la tierra, un macho dominante en apariencia, con destellos de una lucidez estúpida e infantil, el niño maltratado que se ha vuelto inteligente, y ahora apunta a la cabeza de su madre con la calibre treinta y ocho que encontró bajo el colchón de su padre. El maestro yo echamos una mirada el uno al otro, aquietamos la explosión de los estúpidos pensamientos involucrados para centrarnos en lo que realmente, más allá del delirio mental que la droga produce, tiene validez para nosotros, el comportamiento iracundo del ratón. Así que nos callamos, y vamos con los ojos hacia el cubil vidrioso de la mente del maus. Nos platica que tuvo una considerable cantidad de dinero que fue perdiendo a la misma velocidad que el consumo blanquecino le obligaba, tuvo mujeres, muchas mujeres que lo abandonaron a la par que el efecto concluía con su vitalidad, sus bolsillos, y su lucidez. El maus nos pide que lo saquemos de la jaula por un momento, -Se pone agresivo-, le digo al maestro, pero él está completamente curioso, ante la idea de accionar unos cuantos mecanismos psicológicos, protagonizados por un ratón pasado de crack. Me río imbécilmente tratando de controlar la paranoia, mientras el maestro va y mete mano en la caja agarrando al ratón por la cola y lo suelta en medio de la sala, apenas toca el suelo comienza a brincar, rueda con chillidos agresivos para luego detenerse con rasgueos sincopados en el mosaico, entonces Baltasar se acerca lentamente a nuestras caras retorcidas y dice:

—Yo maté a un cabrón, me vienen persiguiendo desde muy lejos, por eso me escondo donde pueda, pero no tengo ningún inconveniente en volver a matar a otro si tengo necesidad, ¿cómo la ven?, estuve en la cárcel pero me dejaron salir por falta de pruebas, así que soy libre de hacer lo que me dé la gana, matar o robar.

Lo miramos incrédulos, pero le suelto:
— ¡Jajaja!, pues tú podrás matar a quien quieras, donde quieras, como quieras, ¡jajaja! el único problema va a ser cuando tengas que cargar con tu costal de cadáveres ¡jajaja! eso se paga Baltasar, mira que se paga.

Al ver que el maestro y yo dejamos la paranoia vuelta sobre sí misma, con el llanto agónico de todas las noches pedregosas, se calla tristemente, bajando la mirada que en algún momento trató de dominarnos, ahora dice con recelo ansioso:

—Sí tienes razón, sí tienes razón, sí tienes razón, eso de los cadáveres, sí tienes razón, sí tienes razón.

Han pasado unas cuantas semanas, desde que dejé a Baltasar en casa de maestro a manera de experimento, y a petición suya. Le ha robado dinero, le ha mentido sobre su vida, le ha propuesto negocios para conseguir más roca.

—Me dijo que por consideración me ayudaría a pagar la renta del departamento, conseguir más piedra, pero en vez de eso me pide dinero además de que me roba, creo que ya estuvo del experimento, Centauro llévate a ese cabrón ratón.

—Maestro pero si lo bueno apenas comienza, su hermano Melchor llega en unos días, ¿no quieres ver a dos Pedros pica piedra haciendo desmadre en tu casa? Mira que estaría de teatro de carpa.

—No, no a la chingada, ya tuve con un ratón, además ya me está pegando su ansiedad y eso no va, ya no lo quiero aquí.

—Bueno entonces me lo llevo, lo voy a soltar en los basureros de la barranca de Huentitán.

— ¿Lo vas a matar?

—Para nada, es que él se lleva mejor en esos barrios, es más su entorno biológico.

Me quedo una noche más con el ratón antes de escupirlo.

—Quiero piedra, quiero piedra, ¡Quiero piedra!, vamos sé dónde hay, con la Gorgona, vamos con la Gorgona, ella tiene piedra, ándale vamos, ¡Vamos!

—Bueno pues.

Acompaño al maus Baltasar, desde el parque revolución hasta más allá del mercado de las flores, más lejos todavía del cementerio de los otros maus, entre veredas empaquetadas por bóvedas polvorientas, dónde se respira difícil y lo que se respira es una paranoia violentísima. Patrullas van y vienen, se estacionan con luces apagadas, que destellan únicamente para anunciar que si andas buscando *droguitas*, al cacharte en la transacción estarás jodido, a menos que les compartas algo de las *droguitas* para pasar la noche tranquilamente. Baltasar me lleva entre esas callejuelas que conoce muy bien, sabe por dónde saldrá la policía, conoce los tiempos exactos que le toma al represivo gordo de la placa, dar la vuelta rutinaria a la manzana. Nos detenemos bajo la luz de calle tal en su cruce con tal… unos momentos…

Me tira el maus:
—Ahora camina rápido con la cabeza en alto como si supieras dónde andas.

PI) Mentir: asumir una postura hipócrita en la vida, el último recurso para hacernos de más material de consumo. Mentir + Aparentar + Fingir= Consumo= Felicidad momentánea.

La Gorgona es su conecte y lo recibe con un beso en las cicatrices de su naricita, nos presenta, voy y la saludo, apretando sus manos huesudas por más tiempo de lo necesario, para indicarle que aunque en realidad no sé dónde ando, vengo con alguien que sabe qué onda. No le dicen la Gorgona por su cabello alborotado, ni por sus largas uñas pintadas de negro, ni por su voz aguardentosa, ni por las carnosidades que han ido cercando sus pupilas, hasta dejarlas con un pincelazo vertical de verde pardo, le dicen así por algo que no tiene nada que ver con la referencia mitológica. Es por una enfermedad degenerativa que ha ido mermando sus cuerdas vocales y tiene que hacer gárgaras con belladona para aliviar el dolor. Platican en voz baja pero veloz, pues el tiempo que te toma realizar la transacción, aquí sí es vital. La cara de la Gorgona exhibe algo de malestar, me lanza una mirada de expectación, pero tanto más reacio se torna Baltasar que insiste en conseguir piedra y no reactivo.

La Gorgona:
—Tengo mona ahorita nomás, ¿no quieres?
—No te hagas mi Gorgona saca la *peter.*
— ¿Y tu amigo?
—No yo paso de monita.
—No pues no hay nada.
—Ándale no te hagas.
—Pero si tú nunca traes dinero, tú nomás quieres de fiado, y eso la neta no.
—Traigo un tostón.
—A ver a ver deja ver.

—No pues yo también, hasta no ver no creer, voy a dar la vuelta la manzana con mi compa porque ahí vienen los *puercos* ¿dónde te espero?
—Aquí pero de volada.

Caminamos a ritmo alrededor de la manzana, y ya estamos otra vez frente a los inquietantes ojos de la Gorgona.

—Órale saca la feria, cámara ahí tienes y llégale porque ahí vienen tus tíos de vuelta.
—Ves te dije que sí conseguíamos.

El maus está más que complacido, enteramente excitado, ha cambiado la amistad, las borracheras, incluso el sexo, por una dosis pasajera de júbilo, llegamos al cuarto. Cocino, fumo, fuma, fumo, fuma. Fi Fa Fu Mo he tomado una decisión, Fi Fa Fu Ma el próximo portal se avecina en otra dirección.
En la barranca el maus voltea con esa mirada resentida que él mismo ha provocado, luego se escabulle entre los pastizales plásticos de pañales, cerros de botellas de vidrio, cordilleras de latas vacías de salsa para spaghetti, ríos de envases apachurrados de jugos tetra pack y frascos de limpia pisos con la sonrisa del hombre calvo por el frente. Arte moderno creado con restos podridos de comida engusanada que se confunden con la cola del maus. El maus muerde una galleta salada con dip de estiércol mientras chilla, frunce la naricita y se pierde.

ABSTINENCIA.

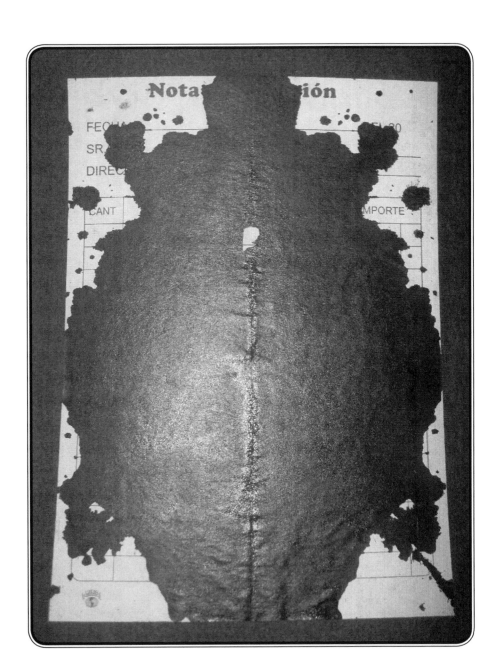

Seis treinta de la mañana, abro el ropero de puertas corredizas, no veo nada, no hay luz, debieron cortarla anoche mientras dormía. Afuera a través de la ventana, la luna se apagó, debieron cortarla anoche también. Aún falta para que los guiños del sol me electrocuten. Debo haber dejado el encendedor por aquí.

Ahora ¿qué cadáver me vestirá de gloria en este nuevo y podrido día? Hay tanto y tan poco de lo que puedo escoger y tan poco de lo que hago. Las carcasas necesitan ver a través de mí, han perdido su sentido del olfato, y cualquier arrebato de intelecto ya no proviene de mí, no son sensaciones mías son de ellos, mis cadáveres que viven de mí y por mí, porque yo no puedo hacerlo.

–Mira la cosa es como te lo digo cuando tienes eso que llamas el síndrome de no se que madres…
–Abstinencia.
–Eso, la abstinencia te lleva al insomnio, fúmate un gallo y con eso te duermes a gusto.
–Lo que no quiero es seguir fumando, además ya no me he metido roca, últimamente había estado fumando marihuana, pero hace dos semanas que no me meto nada.
–No pues sí está cabrón, oye y ¿ya trataste con la puñeta?
– ¿Qué dices?
–Sí, con la puñeta no hay falla no hay insomnio no hay quejas ¡jajaja! Mira no hay insomnio que aguante tres puñetas ¡jajaja!

Me aproximé a verlo de cerca, mientras se reía desde su apestoso aliento a hierba recién quemada, con un disfraz de pastillas de menta, explicaba su método masturbatorio para relegar la crisis de falta de sueño a base de sofocar mis gónadas exprimiendo mi fuerza vital. Me di cuenta que en su rostro largo y anguloso, dos ojos hundidos reposaban sobre dos bolsas de carne estirada y amoratada, su nariz era un pico que terminaba en la separación de sus cejas, todo él es un ser esquelético anudado malhechamente con remaches por aquí y por allá, un enfermo sin remedio cuyo único antídoto vendrá a costarle el precio de su prensado intelecto.

—Así te digo, esa vez yo no intenté dejarla, no conseguía mota por ningún lado, y mientras que la grapa me entraba bien por las narices, pues ahí me tienes con los ojos pelones mirando el techo y con taquicardia, ¿mi vieja?, bien gracias, se había ido a Guanajuato y no agarré nada en el bar porque sin dinero y sin coche no agarras mas que el polvo, te lo digo, oye ¿y tu vieja esta Marcela?
—Ya no hay nada ahí desde hace meses, ninguno ha hecho nada por arreglar las cosas, nos va mejor separados.
– ¡Jajaja! no mames no te entiendo, yo los veía muy bien
—Mira, me aburrí, me aburrió ella, se aburrió ella, nos aburrimos todos en esta pinche ciudad en este puto mundo de mierda, pásame un trago.
—Toma.

El psycho sube de volumen y de acidez, al tipo de Alien Project le queda corto el modular del Gabo.

—Bueno me largo.
– ¿Oye que no quieres nada de nada? me llegó un material muy bueno.
—No… ¿Tienes ajos?
—Toma dos luego me pagas.

Maldita sea ya no quería consumir, al menos no se trata de fumar o inhalar, bueno me los trago y ya. Voy andando varias cuadras Morelos #979 paso la mano entre el enrejado y toco el timbre del apartamento dos.

– ¿Eh maestro qué pasa qué haces?
—Hola nada ya te abro.

Entramos al departamento del fondo en la planta baja. Los vértices del lugar me provocan sofocación, imagino que los pisos superiores ejercen una presión en complicidad gravitatoria y que en algún punto, toda la estructura se viene abajo sepultándonos en nuestros delirios de grandeza metafísica junto con todo lo demás.

—Ahí está mi carnal estamos pintando un mural.

Le tiro:
–Qué pasa.
– ¡Epa qué hay!
–Nada lo de hace un rato.
– ¿Chela?
–No gracias me acabo de comer dos ajos en casa de Gabo.
– ¿Epa y ya te explotaron?
–Todavía no pero ya siento entumidos los labios.
– ¡Epa!

Ambos se abstraen en las texturas de los acrílicos, el lugar apesta a marihuana. La mente puede desacostumbrarse a la hierba pero el cuerpo mantiene sus receptores abiertos, y el horno que se forma en el cuarto junto con los psicodélicos recién ingeridos, luego de una hora, detonan por completo en mi sistema.

Me dice el maestro:
–Oye pásame el libro ese de Kerouac.
– (…)
– ¡Centauro!
– ¿Eh?
-Que si me prestas el libro de Kerouac.
– ¿Cuál?
–En el camino.

En el camino andamos y quién sabe si no quedaremos en él sin llegar a nuestro, todavía desconocido, destino. Saco del morral un libro que recién he terminado de leer y le suelto antes del despegue.

–No maestro tú no necesitas leer eso, necesitas leer a Robert Frost.
– A ver.
– (…)
–A ver pues.
–Toma.
– ¡Epa ya le explotaron!
Me paro de un salto, agarro mis cosas voy a la cocina, tomo agua, abro la puerta, y salgo a la calle, debo llegar al parque de enfrente antes de las convulsiones que anteceden al efecto, OH aLTO oH SiGA vAMOS

aPRESÚRATE sI nO lLEGO aL pASTO sI nO lLEGO aL pASTO
tOdO aCABaRÁ aQUÍ eSTOY a sALVO eN eL bOSQUE dE lA cHINA
lA cHINITA sE pERDIÓ y cOMO yO eSTABA pERDIDO nOS
eNCONTRAMOS lOS dOS aQUÍ eSTOY a sALVO sI nO lLEGO tOdO
aCABaRÁ aL pASTO sI nO aCABaRÁ lLEGO aL pASTO OH aLTO oH
SiGA aQUÍ eSTOY a sALVO y cOMO yO eSTABA pERDIDO nOS
eNCONTRAMOS lOS dOS oh aLTO oH SiGA sI nO lLEGO tOdO
aCABaRÁ tOdO aCABaRÁ nOS eNCONTRAMOS lOS dOS mE
dERRUMBO…
–Dóndue viais hey Centauro duonde viaiszzzz. Me pareció oír al salir del
apartamento.

*…La medusa emergió de la penumbra oceánica, donde aguas oscuras y
enigmáticas ocupan un nombre, Índico, Pacífico, Atlántico, Ártico, criaturas
escuálidas, longeiformes, transparentes, entes luminosos, se mueven a un compás
que a nosotros seres terrestres nos provoca confusión de piedra, una vez una
voz, la voz de océano, me advirtiooooó que sieennn un punto miraba por
suficiente tiempo la danza de una medusa, acabaría por convertirme en coral
y permanecería así hasta que la medusa lo deseara, hasta que su masa blanda
y luminiscente abandonara su templo de ídolos de hombres piedra para irse a
crear a otras latitudes.*
*Ahora, aquí, la veo directamente a los ojos, que danzan desde el interior de sus
tentáculos oscilantes. Su cabeza en forma de hongo emana una luz que paladeo.
Me entrego a ella, me llama, me dice que me necesita, entonces voy, la toco con
mis dedos que ahora son también tentáculos de luz, la luz más hermosa que
he visto, nos enredamos lentamente uno con otro, medusa gelatinosa intocable,
insólita medusa, preñada llena de mi semen celulosa acuática incógnita, ambos
creamos la luz más hermosa, nos despedimos con un brotecito de sangre y una
lágrima y la danza de los caballeros de Prokofiev en el fondo del océano. Caigo
pesadamente dentro de la corriente de un nombre, rígido en mis miembros.
Alguien me advirtió no hace mucho que si veía una medusa el tiempo suficiente
terminaría por convertirme en coral…*

…Akgh! cof Cof! Cajum cajum! ¡Qué pasó qué cajum! ¿Dónde estoy? ¡Ah
mi cabeza! ¡Brrr! Hace frío eh ya es de noche y esta agua, qué chingados pasó,
estoy en una fuente, qué es esto, sangre brotando de mi oreja, por suerte
nadie me vio tirado, ahí en la esquina hay un vendedor de cacahuates. Me
levanto chorreando por todos lados cubierto de verdosidad lamosa, todo
me da vueltas ¡Brrr guac! Debí tragar algo de esa lama, ¡Brrpp Guac! las

piernas responden apenas, camino lento arrastrando un poco los pies y con un dolor de cabeza de mierda, voy y compro unos cacahuates y la gente de ahí me mira extraño, estoy todo sucio, probablemente si mirasen al fondo de sus mentes realmente se asustarían. Me voy a casa.

En la azotea todavía quedan resquicios mentales a manera de infantiles bufonadas de cuando comencé en esto de las drogas, la marihuana por ejemplo fue la primera, claro antes estuvieron el alcohol y el tabaco, sin embargo ninguno de ellos tuvo la altura moral de la hierba, ninguno de ellos me enseñó el estado contemplativo de las cosas y de mí mismo, reaprender a hablar, reaprender a escuchar, reaprender a comer, y cuántas veces no me dormí riéndome con las risas del mar, sentado frente a él, acompañándolo en sus estremecedoras carcajadas, con mis camaradas circulando la caguama de izquierda a derecha en un ritual de algarabía, bestias burlonas y apáticas con respecto al estilo de vida que algún día alcanzaríamos.

Dos camaradas se trepan al marco de una palapa, arriba comienzan a luchar a ver quien permanece más tiempo colgado, yo voy de incapacitado con un tobillo roto sentado en la arena, de pronto la palapa entera se cimbra, sisea amenazadoramente, los maderos rechinan por última vez y caen a escasos centímetros de mi rostro detenidas por las ramas de otra palapa, levantan una nube de arena. Jamás me di cuenta de cómo llegaron ahí, todos se callan y han venido a desenterrarme, en medio de su terremoto alcohólico alguien pregunta si estoy bien, yo no puedo contestar:

–Jajaja pasó, pasó, jajaja lo pensé y pasó jajaja.

RO) Premisa: autodestrucción
SIGMA) Definición de mi diccionario vivencial:

Un combate evasivo de la realidad que se vive a tope sin cuestionamientos otorgándole prioridad cero a las consecuencias cronológicas. Si se sale bien de esa es bueno, si no qué se le va a hacer, la vida es una carrera de galgos hambrientos y aunque corras más rápido que tus camaradas no por eso vas a llegar primero, o si caminas o si gateas o si te arrastras como larva de mosca, llegaremos cuando nos toque llegar, cuando estemos preparados.

Con la experiencia se pueden llegar a realizar actos semi circenses si se quiere llamarlos así, como inhalar cocaína por las dos fosas nasales al mismo tiempo que lames los restos en la superficie donde fue cortada, o forjar un gallo con una sola mano, toma paciencia y devoción pero al final se logra igual que cualquier otra proeza, este ya está listo Click Click! Fuuuuhgh Ahhh!

Discuten Las Moiras:

Clotos.- Jijiji ¿ya lo vamos a matar?
Láquesis.- No, todavía no, veamos que hace, a ver cómo sale de esta.
Clotos.- Jijiji, pero yo no creo que vaya a hacer nada, míralo está perdido, mejor nos lo llevamos de un vez ¿no crees?
Láquesis.- Espera estúpida, aun no es su tiempo...
Clotos.- Jijiji, pero su tiempo lo decidimos nosotros, el de él y el de todos.
Láquesis.- Calla y deja los caprichos.
Átropos.- ¿Qué sucede mis engendros despreciables?
Láquesis.- Pues esta loca quiere traerlo ya.
Clotos.- Jijiji
Átropos.- Paciencia ten paciencia mi enferma hermana, dejémosle a Tezcatlipoca esa tarea, él sabrá que hacer en su debido momento, ahora callen que el alma de Perseo implora redención.
Láquesis.- ¿Ganó el volado de la oportunidad?
Átropos.- Sí.
Clotos.- Que no fue él el que mató a...
Átropos.- Si, y sólo por eso no debiéramos hacer nada por él.
Clotos.- Jijiji que se quede en el Hades, sí que se quede
Láquesis.- ¿Y si lo revivimos?
Átropos.- Mhmm tengo una mejor idea, revivirá el instante mismo en que comenzó a luchar con la criatura, y en cuanto la degüelle y la cabeza caiga en el saco, ahí volverá a morir todas la veces que queramos hasta que Clotos se enfade ¿Te parece mi estúpida hermana?
Clotos.- Jijii sí, jijiji sí, jijii...

Se van Las Moiras.

BOX.

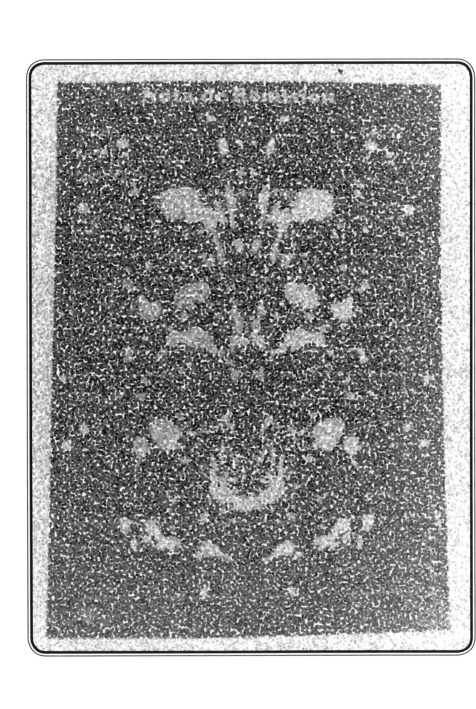

Mucho tiempo ha pasado desde la última vez que fuimos a las cascadas, las cosas cambiaron, el maestro cambió, yo cambié y sin embargo seguimos siendo los mismos.

Se aproxima con una determinación un tanto dudosa, un virus de inmunodeficiencia espiritual, ese que no hace mucho nos viene achacando la moral. Volvernos adictos sólo fue la reacción. Nuestro deseo primordial era expandir nuestras consciencias cambiando nuestras perspectivas de la realidad por medio de las drogas, últimamente éramos algo cercano al reflejo mutilado de algún héroe mítico, y ¿qué pasa cuando el héroe deja de ser él mismo?, Se convierte en una silla de ruedas, en una gran bolsa de hediondo suero palpitante con catéteres por todos lados. Es por esto que el maestro ya no es el Maestro, y yo caigo también poco a poco, cada vez más profundo en mi descenso autoimpuesto.

Por alguna razón me parece que todo está estrechamente relacionado con aquella vez cuando llegué al departamento y él salía con uno de sus camaradas del restaurante, ambos tenían una desesperación innegable en la mirada, era bastante obvio que iban en busca de tóxico, el que fuera, lo que fuera. Les dije que yo conocía alguien que vendía hashish muy cerca de ahí, destapamos unas cuantas cervezas antes de acudir al lugar y justo al salir cayó un tormenta. Nos detuvimos un instante a pensar si era tanta nuestra necesidad, y acordamos que en dado caso de no encontrar el hash, nos iríamos definitivamente a la gasolinera más cercana por un litro de gasolina y trapos, y luego de regreso a probar las mieles del éxito. Sí era definitivo. Regresamos a beber más cerveza y esperar que la lluvia cediera, mientras el camarada del maestro nos suelta que ha estado buscando trabajo, y que finalmente lo encontró en uno de esos anuncios que ofrecen dos mil pesos o más a la semana por contestar teléfonos durante cuatro horas, pero que antes tienes que caerte con cierta cantidad en efectivo para gastos de papelería, yo le digo que eso es una transa pues nadie te debería cobrar por contratarte y mucho menos nadie, al menos en su sano juicio, debería pagar por trabajar.

Pero no lo hizo. La lluvia digo.

La lluvia no se detuvo, en todo caso lo que el alcohol provocó fue un desesperado aumento de nuestra necesidad. Así que con lluvia y truenos nos salimos a buscar aquel-recinto-tiendita-para-yonquis-de-tercera. Apenas yendo a la mitad del camino el maestro y yo nos volvimos, viendo nuestras caras nos dimos asco de nosotros mismos, habíamos caído bajo resbalándonos de las espaldas del titán, nos habíamos traicionado pero nos callamos y le pusimos el bozal a esa insinuación de moral, que asomaba por nuestras ojeras marcadas, nuestros labios partidos y nuestra palabra enferma. Cuando llegamos al lugar luego de un rato de caminar bajo la tormenta, tocamos la puerta pero nadie nos contestó, así que esperamos hasta que la frustración de intuir que no conseguiríamos nada, fuera más determinante que la propia necesidad de consumo. El maestro y su camarada me veían con ojos detestables y un odio remarcado estaba en sus palabras.

—No decías que aquí era seguro conseguir algo.

—Yo no dije eso maestro, dije que era probable conseguir algo.

—No caigas en pretextos cabrón, tú dijiste que era seguro.

—Chingada madre maestro yo nunca dije eso, dije que podríamos encontrar algo.

—Nada de eso las cosas son o no son puta madre, y sabes qué chingas a tu puta madre.

El maestro se transforma, yo me transformo. Tres drogadictos que avanzan empapados, sumergidos en el resentimiento que siempre acude cuando los deseos no son satisfechos. El maestro y yo quedamos en medio de la avenida mientras su otro camarada desaparece al ver que en realidad no le servimos para absolutamente nada. El maestro y yo viéndonos jodidos en todos los aspectos que realmente nos interesaban, comenzamos a discutir y lanzar una sarta de estupideces acerca de la mierda que un día nos creímos, de los jueguecitos ridículos del conocimiento holístico y otras idioteces, que no somos nadie que no significamos, que sólo tenemos el consumo y no hay vuelta de hoja, y que por el momento ninguno de los dos cabrones nos queremos seguir viendo las caras. Nos empujamos uno al otro, gritando y rugiendo como animales confundidos, me tira un golpe que esquivo pero no su patada en las costillas, me lanzo sobre él y acomodo un codo en su pómulo, en medio de la avenida, él se recupera con una rodilla en mi estómago y entonces voy a su garganta con el puño, en medio de la tormenta, forcejeamos hasta no dar más. Mientras la sangre corre con la lluvia, nos maldecimos una vez más y él avanza a grandes pasos, se detiene un momento y yo me lo quedo mirando antes de desvanecerse entre las cortinas líquidas. Al dar la vuelta para largarme del lugar, el manubrio de una motocicleta me golpea en el estómago. Alguien tuvo que recogerme, alguien definitivamente tuvo que haberme ayudado a levantarme, y llevarme a algún hospital. Pero nadie lo hizo, quedé tirado un momento antes del desmayo, me levanté, me arrastré hacia el jardín del camellón y fue todo. No recuerdo ni entrar ni mucho menos salir de la clínica, sólo recuerdo que alguien dijo algo sobre unas costillas rotas y de repente ya estaba en el tránsito de la ciudad una vez más. El maestro nunca supo de esto.

El maestro y yo dejamos de vernos bastante tiempo, pues nuestros orgullos siempre se interpusieron una vez que lograron escalar el monte de la amistad sana, hacíamos a penas, pensábamos apenas, hablábamos a penas, pero no como en ese primer momento cuando recién nos conocimos, en ese periodo en el que la palabra estaba excluida, salvo cuando la usábamos por circunstancias realmente imperativas, jugábamos al mutismo con el deseo de convertirnos en telépatas, ahora nos quedan las drogas, ¿arrepentimiento? Para nada, pero sí una mirada de vergüenza mutua, algo que sólo él y yo sabemos.

¿Verdad maestro, verdad que eso es algo que sólo tú y yo sabemos pero que nunca nos lo diremos?

BAÑOS DE SAN JUAN DE DIOS.

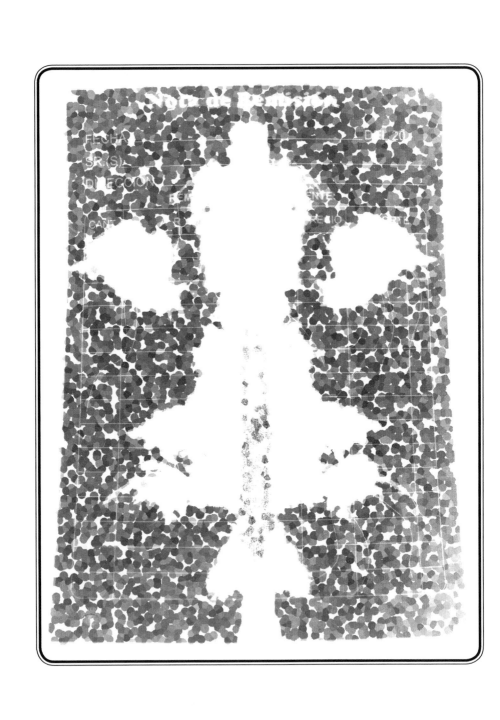

Platico con *la Mireya*.

– ¿Y porque te viniste de tu país mi morenaza?

Contesta con su voz estruendosa:
—Pues porque va a ser güero, allá están bien jodidos los trabajos no sacas casi ni para comer, aquí en México por lo menos tengo mi propio negocito donde nadie me manda, ni me dice, ni me quita dinero que para esto o para lo otro, además ya he estado juntando para la operación.
-¿Cuál operación?
-Hay güero pues cuál va a ser.
-Ah, ¿te vas a hacer la jarocha?
-¿Esa cuál es?
-Pues en la que te cortan el pa-ja-ri-to.
-Ándale esa, pero también la de la voz, porque así como la tengo pues ni quien se me acerque.
-No pues sí.
-¿Qué y en cuánto te sale la operación?
-Fui con un doctor que me va a cobrar veinte mil por todo, hasta dice que me va a hacer una cosita muy bonita, que duele primero pero que luego ya no, está barato ¿verdad?
-De precios no sé pero diez mil no es mucho dinero en estos días.
-Si yo creo que tampoco es mucho dinero.
-¿Cuándo te operan?
-Mañana.
-*¿Ya lo viste? Mictlantecutli te hizo el paro dice que vas por muy buen camino, su camino, que si sigues por ahí Tezcatlipoca no te va a hacer nada porque el espejo humeante se la pela jek jek, una vez que caes en sus territorios ya no hay nada que hacer, vete confiado muchacho, vete confiado pero sin desviar el camino que llevas, si lo cambias entonces sí te chingas jek jek*
– ¿Qué traes Mireya?
– ¿De qué güero?

–Tú estabas hablando de… no nada olvídalo voy a pasar al baño.
–Ándale güero ya sabes son $2.50.
–Eh, morena no traigo fíamela ¿no? Ya sabes que luego te pago.
–Ándale pues güero pásate.

Entro a toda velocidad a los apestosos pero eso sí muy limpios baños del travestido-casi-transexual este. Sus baños son la representación de la imagen disociada del aroma. Igual que ella. Aflojo mi cinturón, bajo mi bragueta y meo. Me gusta mear, le voy más a mear que a cagar, no sé, me produce mayor placer. Termino, sacudo, subo el cierre y me dirijo a los lavabos.

– Este eres tú y tú no sabes quién eres – le suelto al tipo que está frente a mí en el espejo, al sujeto le escurre agua por la cara, tiene rostro demacrado, su salud qué importa aún es joven, el dinero llega a veces, la vida que ha llevado él la escogió. Me mira a cinco centímetros de la nariz y sonríe, su rostro se transforma en humo e inmediatamente una fuerza increíble proveniente del espejo tira de mi camisa, puta madre es Tezcatlipoca…

– *¿Qué pasa mi cabrón, no que me ibas a matar jek jek?*
–No mames, no mames, no mames.
–*Se te acabó el vocabulario jek jek* ¿te gusta follar con dioses?
–No mames, no mames, no mames.
–*Contéstame,* ¿te gusta burlarte de los dioses?
–No mames, no mames, no mames.
–Hasta aquí llegaste pendejo…
El hacha del espejo humeante viene hacia mi cráneo.
En medio de los forcejeos mi puño rompe su cara junto con el vidrio y todo acaba. La luz se quiere ir.

Hay sangre aquí.
Aquí.

Y aquí.

La fuerza del otro lado se va, ha caído, no más espejos. Un tímido aullido de humo sale de entre los restos, ahí va el jodido de Tezcatlipoca. Mirella entra asustada por el escándalo y grita al ver la sangre en carne viva tiñendo los mosaicos del piso, su piso, habla no sé qué cosas, no le entiendo, veo sus exagerados gestos dramáticos al levantar los brazos yendo de un lado al otro, parece gritar auxilio, me ayuda a levantarme pero no siento mi cuerpo. Al salir del baño la luz se va.

Luz.

No recuerdo haber estado antes en este lugar, mi mano está vendada y un trapo húmedo descansa en mi frente. Mi visión está borrosa. Al otro lado de la pieza, al parecer su baño, suena la Boa de la Sonora Santanera. La Mirella, maquillada a tal grado que un payaso quedaría en vergüenza por perder la competencia, entra completamente ebria con unas cervezas, me ofrece una, primero la rechazo pero caigo en la cuenta de que tengo bastante sed, e inmediatamente estiro la mano buena y la cerveza llega. El cuarto además de cuatro paredes y un closet inmenso tiene pelucas por todos lados. Pelucas rizadas, rojas, cafés, lisas, largas y cortas. Ella está frente a las puertas del closet que abre con una pequeña llave, saca bufandas, mascadas, vestidos, bolsas y sombreros que modela frente a mí, mi cerveza y unos nudillos abollados. Luego intenta una pasarela con ritmo de cumbia que resulta ser demasiado corta, pues en medio de su embriaguez cae repentinamente al pie de la cama.

– ¿Ya estás bien?

Su voz es opacada por la música.

– ¿Qué?

Con grandes esfuerzos se levanta para salir del cuarto e ir a bajar el volumen de la grabadora.
Regresa con actitud ridículamente coqueta al cruzar la vaporosa cortina que hace de puerta en su cuarto.

–Que si ya estás bien.
–Sí, me duele un poco la cabeza pero ya, ¿qué pasó, dónde estoy?
–Ay mi vida pues desmadraste los espejos de mis baños. Se oyó un ruido fuerte y cuando entré al baño estabas tirado lleno de vidrios por todos lados, te estabas convulsionando, gritabas que Tezcatlipoca y Tezcatlipoca con los ojos así bien abiertos como de rana, así que te llevé al hospital, te curaron y te traje para acá, como no sé dónde vives
–Eh pues gracias, por la chela y todo, ¿qué hora es no sabes?
–Las diez, ¿qué ya te vas?

—Sí tengo cosas que hacer, ¿cuánto te debo de los vidrios?
—Ay güero si ya sabes que no es nada, no más si…

Su mano se posa en mi pierna.

— ¿Si qué?
—Ay no me da pena.
—Si qué pinche Mirella.
—Si me dejas mamártela, ya no me debes nada.

Se queda viendo alternativamente a mi pene atrás de unos calzones y un pantalón y a mi expresión de duda, expectante ante mi silencio.

— ¿Me la quieres mamar, Mirellita?
—Sí, pero si tú no quieres no.
—Jaja no mames Mirella, tienes chance lo que me dura la cerveza.

Se lanza como predador a mi verga y come sustanciosamente, relamiendo con gran placer el fruto ganado a pulso. No hay duda alguna, lo sabe hacer y muy bien. Este ecuatoriano/a es una criatura curiosa, tiene los gustos y placeres de una mujer conjugados en la fuerza de un hombre fino, termino de beber y me corro con el último trago. Mamado por *una dama* vaya cosa.
Se ha tragado el semen. Se limpia la boca. Abre otra cerveza y bebe largamente. Mientras abrocho mi cinturón, viene y se sienta a mi lado, sonríe.

—Gracias.
—Gracias a ti Morena, entonces ya quedó lo del vidrio ¿verdad?
—Sí, ya quedó.
—Bueno me largo.

Le quito la botella vacía de la mano y me llevo el resto del six.

—Ya no tomes morena, que te hace daño, mañana te operan.
—Bay güero.

LA CÁRCEL CANADIENSE.

Definitivamente tienes que ir a Canadá, dijo el maestro. Y después acotó, es el paraíso para los yonquis.

He dejado México para buscar horizontes en el extremo norte de América, el maestro me ha dicho que Canadá es un buen lugar para vivir, buen trabajo, buen dinero, mujeres hermosas, así que compro un boleto con escala en el DF y de ahí directo hasta Montreal. En el vuelo conozco a una chilanga que vive en Québec. Conversamos amenamente, la hago reír porque no sé hablar francés y me pregunta que qué voy a hacer a una ciudad en donde se habla francés, pues no lo sé aprenderlo supongo, de igual manera me pasa su dirección y teléfono para vernos mañana a comer en Québec que se encuentra a una hora de Montreal, nos bajamos del avión, nos despedimos en al área de inmigración, ha empezado bien este viaje, me digo. Un inglés que ha venido por estudios tiene vencida su visa, viene desde Ginebra y me cuenta que lo van a regresar esa misma noche, no hay oportunidades, no hay indulgencia, vuelo directo hasta el otro lado del planeta. Dos paisanos sin dinero ni papeles han tomado la decisión de declararse refugiados, buena manera de quedarse en el país viviendo a costillas del gobierno. Mi turno, entrego mis documentos al agente de inmigración, se toma su tiempo para revisarlos, me lanza un exhaustivo cuestionario de preguntas que tienen que ver con mis orígenes, cuentas bancarias, dinero en la bolsa, y propósitos del viaje, todo va de inglés afrancesado. El agente tiene mis documentos pero algo falta, se mete con ellos a las oficinas para regresar dos horas después con un rostro que me dice:
Camarada te has jodido.

Llegamos al complejo a eso de las tres de la madrugada de un martes, me revisan por todos lados al entrar, esposado claro. Le he dicho antes al guardia femenino que si acaso le parezco delincuente, que no le veo el caso de las esposas, es por tu propia seguridad y la nuestra, me dice mientras guarda mis cosas en una caja de metal de la cual me entrega la llave, también me ha dicho que puedo sacar utensilios con previa petición al guardia general.

Mientras habla distraídamente la atajo por la garganta con la cadena de las esposas, y la asfixio hasta matarla.

O al menos lo imagino.

No sacaré nada hasta que me largue de este lugar el jueves. Vamos a la suite ECO0076. Me entregan una caja con toalla, jabón, cepillo dental, dentífrico y desodorante inodoro a base de agua y sales minerales, según dice la imbécil etiqueta. Me duermo.

Cinco cuarenta y cinco a eme...

-Good morning sir
-Good morning...

... Cinco cincuenta a eme.

–Sir you need to wake up.
– ¿Uhm?
–It´s time to wake up.
–Oh yeah.

Canadá es racista. No.
Los canadienses son xenófobos. No.

El racismo en Canadá se manifiesta en la figura de dos oficiales de inmigración, un semigigante de poco más de dos metros, color blanco leche con el culo metido, y una mujer con piernas de hoz y adivina qué, también con el culo metido.

Anoche soñé que un cocodrilo me comía antes de abordar el avión. En otra versión del mismo sueño, el avión estaba lleno de reptiles copulando por todos lados, yo los veía y les sacaba fotografías como turista japonés mientras bebía *jonnhies* en las rocas. En la última versión, abordaba un reptil inmenso que cruzaba los aires como si buceara bajo el agua.

Alguien se ha comido al gerbo. Creo que fue un reptil.

He caído en un complejo de detención, una cárcel de primera categoría:

TAU) Dos mesas de ping pong.

ÍPSILON) Un futbolito.
FI) Tres comidas diarias.
JI) Teve en inglés y francés.
PSI) Y toda la National Geographic que te puedes tragar por los ojos.

Nigerianos, sudaneses, afganos, pochos ex tiradores de marihuana, colombianos tiradores de cocaína, indios de Sri Lanka, un oriundo de Bangladesh y un gringo gordo demente y subversivo, el cual supuestamente viene perseguido por el gobierno de su país. Este gringo me cuenta que ha estado enviando cartas, que no meils, de reclamo a la casa blanca para proceder en contra del gobierno de los Estados Unidos de Norteamérica y de la guerra en medio oriente:

–I hate the states man they´re such racist people.

No te mira a los ojos y cuando te habla lo hace con una mueca sonriente, de esas que el miedo tiende a esculpir en el rostro de la gente, anda aprisa y sin ningún ritmo como aprisa y carece de armonía, cuando habla no para, incluso si lo has dejado hablando solo, sigue parloteando con algún punto borroso del horizonte que choca contra las paredes blancas de la prisión, o *detention center* como le llaman estos canadienses de mierda que por más amables que sean no dejan de ser la policía.

Desayunamos pan tostado, mermelada, café, cereal, agua de jamaica.

Existen entre ellos algunos miembros de la clase racista y trabajadora del Canadá, por ejemplo, esa agente lesbiana, la del culo metido que camina como vaquera recién bajada del caballo, la muy mierda les ha gritado algo a los nigerianos que juegan al fútbol, les grita porque se divierten, les grita seguramente porque ella no se puede divertir en un trabajo que denigra la humanidad de todos los colores.

Comemos pan tostado, chop suey, arroz, agua de jamaica.

Vemos publicidad canadiense que es igual de estúpida y aburrida que la norteamericana, seguros de vida, seguros para el auto, aspiradoras, limpia cochambre, sin embargo suena muy elegante con ese dejo parisino que tienen en su idioma de importación europea.

Cenamos pan tostado, mermelada, café, agua de jamaica.

Cinco cuarenta y cinco a eme
–Good morning sir
–Good morning
–Bonjour monsieur
–Bonjour

Desayunamos pan tostado, mermelada, café, cereal, agua de jamaica.

El otro día el gringo obeso me contó que antes de entrar al país le hicieron un análisis el cual consistió principalmente, en meterle una enorme aguja por el ano hasta la espina dorsal y extraerle un poco de su medula para descifrar su código genético, para así poderlo controlar a él y a toda su descendencia.

–That's why I'll never have children you know.

Si ya voy a creer que esa será la razón.

–I have family in Italy you know, and my rich uncle who has thirteen million dollars knows I'm here but he won't do anything for me because he says I'm crazy.

Le tiro:
–¿How long have you been here?
–Three months because of my case with the judge and so.

Tres meses te pueden volver loco, estaré aquí por tres días y esta maldita procesión rutinaria acecha mi paciencia.

Comemos pan tostado, chop suey, arroz, agua de jamaica.

Uno de los indios al cual llamamos Bangladesh por ser oriundo de ese lugar, me ofrece un cigarrillo, salimos al patio y me cuenta cuando lo agarraron después de vivir diez años en el país trabajando de cocinero, ilegal por supuesto. Hace veintiocho días lo apresaron y fue más o menos así: Sale del trabajo por ahí de la media noche, fuma un tabaco en un parque y lo detiene la policía, le pregunta que hace ahí, descansando, les contesta, le preguntan su nombre, Julius Deveraux dice él con su innegable acento indio, le piden sus papeles y dos segundos después a correr, mala suerte lo apresan.

—I don't wanna go to my country I don't know anybody, I came here when I was sixteen, ¿what am I going to do there? I don't have friends, from here I can send money to my mom, back there in my country working all day I don't earn two dollars, ¡two fucking dollars, here I was making eighteen dollars an hour, I can't go back man!

Por un momento pienso en lo mierdoso que es esto de las divisas y los cambios de valor de las monedas, desdeñándose entre ellas hasta que una se devora a la otra, alguna por ahí sobrevive mordisqueada por los viejos cocodrilos de las finanzas globales.

Vemos una película de artes marciales con un actor negro, un tal Billy no sé qué, de fines de los ochenta, en francés, claro, a ver si algo se me pega de sólo estar oyendo esta lengua, un nigeriano me pregunta si he caído por drogas, no, le digo ¿acaso tengo cara de consumidor?, me mira unos segundos seriamente y suelta una carcajada magnánima, pues claro, claro que tengo cara de consumidor, me da en que meditar mientras termino de reír junto con él.

Cenamos pan tostado, mermelada, café, agua de jamaica.

Cinco cuarenta y cuatro...
Cinco cuarenta y cinco a eme...
... De jueves.

—Bonjour monsieur.
—Good morning.
—Good morning sir.
—Buenos días Canadá hoy me largo a mi atropellado pero tan querido país, ya basta de esta mierda de cárcel de país de policía amable estoy realmente muy confundido.
— ¿Sir?
—Ah si tú no eres el que habla español es el otro.
—Sorry sir I don't understand.
—Oh yeah bonjour monsieur police.

–Bonjour sir.

Me llevan a las oficinas de ingreso y egreso de criminales peligrosos, me entregan nuestras pertenencias, las reviso, firmo y nos largamos, al menos el boleto de regreso corre por cuenta del gobierno canadiense. Llueve afuera y llueve adentro, regocijo interno que burbujea a las seis y quince de la mañana.

Estamos en el aeropuerto en la sección de inmigración y dos horas más tarde haciendo fila para abordar, no puedo dejar de ver a las mujeres canadienses, son sumamente hermosas, elegantes es la palabra, debe ser porque la sangre europea que tienen, sí definitivamente son más interesantes que las norteamericanas, pienso en esto porque nunca he estado con una canadiense y las gringas me fastidian, ellas y sus hi, ellas y sus okeys, ellas y su joven e inocente imperio de estupidez atómica.

El oficial negro que seguramente es más joven que yo, se despide avergonzado de su país, de su trabajo, de sí mismo, no me lo dice con palabras, pero el gesto que viene a continuación lo ratifica, él también sabe que esto de las fronteras, los sellos, los papeleos interminables, las visas, los sellos, los pasaportes, las firmas, los colores, los ellos, las razas, las credenciales, los otros, es estúpido, en caso de guerra todo eso se va a la mierda, hace mil años ellos no hubieran sobrevivido, el caballero jaguar los habría destazado a filo de obsidiana.

Cinco horas después el avión se cae.

O parece caerse, piloto novato, tiene que dar una vuelta extra para poder aterrizar ¿y el producto de todos esos zarandeos? Gente vomitando por todo el avión, azafatas repartiendo bolsitas para el vómito chocando contra el carrito de las bebidas.

Veo el final de un película de Luc Besson, Angel A, sobre un estafador mediocre que va a tirarse de un puente, y al voltear la cara ve una mujer con vestido corto apunto de hacer lo mismo, ella se tira y él también, para salvarla, el tipo la saca del agua va y le reclama que no haga eso, misma cosa le dice ella, se besan y se enamoran. El tipo se enamora de un ángel con apariencia de puta, todo termina bien para ellos, para mí también, al fin y al cabo ya estoy en tierra azteca.

Definitivamente tienes que ir a Canadá, dijo el maestro. Y después acotó, es el paraíso para los yonquis.

Definitivamente no vuelvo a Canadá, digo yo.

Y acoto, es una verdadera mierda.

Si como drogas emocionales
Arremeten contra mí las deudas del pasado
Karma instantáneo (sólo agregue agua)

Si como en sueños terribles
Caigo de azoteas
Rompiendo
Los brazos
Las piernas.

Mi columna sisea para deshacerse de las pulgas.

Muerte aquí estoy
Hora de hacer el amor.

BAÑOS DE SAN JUAN DE DIOS.

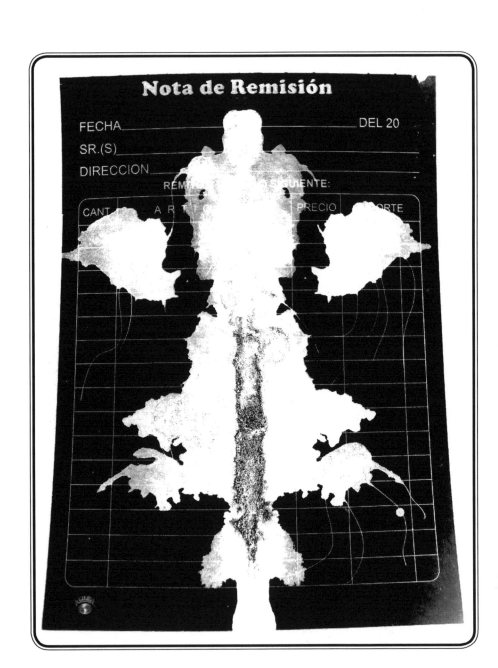

Voy tirando chorros de meados en los cagaderos de *La Mirella*, a quien por cierto no he visto desde su operación, pero esto es algo que me aclararán al salir. Ahora oigo una voz letánica sale del escusado de al lado.

Semanas quebrado por dentro
Meses incompleto
Años han pasado
Y yo aquí con esta nostalgia con el alma rota.

He pasado demasiado tiempo hundido en el piélago de las sombras.

La rabia, el odio, los miedos…

Ahora venga la luz

Que venga la luz a Hermes
Que el reflujo luminoso bañe el cuerpo del Centauro

Primera limpia del corazón maltrecho
Tengo la aguja mental
Tú el hilo emocional que servirá para unir los retazos
Vamos uniendo las membranas, vamos
Mientras salgo de la cueva de los vampiros escucho la voz de la mandrágora que me dice:

La fuente del retorno al camino de la iniciación, es un elixir de electricidad.

La voz cesa. Parece ser la misma de la otra vez así que espero a que salga.

10 minutos
20 minutos
Media hora

Voy a tocar a la puerta y esta se abre pero no hay nadie. Quiere irse la luz pero no la dejo, meto la cabeza entre las piernas dejando el cuerpo en concha. No se va.

Los baños de la morena ya no son de ella, me he enterado que falleció en la operación, según me cuenta entre llantos desesperados y una moquera constante su amiga Carmela, la anciana de las flores. Le ofrezco un trozo del papel enrollado de los que ella ahora vende. Se limpia y se calma un poco para contarme todo lo sucedido. Según la historia, Mirella conoció a un tipo en una cantina, que le aseguraba podría ejecutar el cambio de sexo sin ningún problema, casi sin dolor, esto claro, sin ninguna certeza ni papel de por medio, sin embargo a ella le dio igual pues nadie más le cobraría tan barato, así que va y se mete al consultorio casero del doctor, instrumental sospechoso, gasas con pinta de haber sido usadas con anterioridad, maullidos de gato, formol y esposas; dos días después sale su cuerpo cercenado dentro de una bolsa en una camilla. Carmela luego de contarme la historia va y saca de una pila de revistas amarillentas un *Alarma* donde se incluye un artículo sobre todo el asunto. El caso de Mirella ocupa la portada del número especial con fotos más grandes y a todo color sólo por tiempo limitado, los restos descoloridos parecen piezas para armar un muñeco, abro la revista y hojeo las páginas hasta dar con el caso. Titulares por demás amarillistas (que irónicamente siempre funcionan) dicen:

¡LO HACEN CACHITOS!
¡DOCTOR DE LA MUERTE ASESINA A TRAVESTI!
¡MASACRE EN LA SALA DE OPERACIONES!
¡HACEN BARBACOA DE LOCA!

Sigo leyendo la historia que se ayuda de las fotografías de trozos de cuerpo gelatinoso y sanguinolento, no me da asco, ni siento el más remoto sentimiento de apego hacia ella, casi no la conocí, lo único que me da algo de tristeza, que se va tan pronto llega, es que nunca pudo llegar a realizar el sueño de toda su vida, por lo cual había ahorrado probablemente durante meses o años, ¿quién sabe? ser una mujer con todas las de la ley médica-plástica. Lo único seguro es que ya no está aquí y puede que haya sido lo mejor para ella. Después de todo qué me queda, qué le queda a ella, proyectos frustrados que se olvidan a seis metros bajo tierra con el cuchicheo de los gusanos. Después de todo ¿qué queda?

Ahora Carmela se encarga de los dos negocios, vende flores para los novios y retazos de papel higiénico para los cagaderos. Un muerto le da algo más de vida a una que con cada día que pasa se acerca más a su fin. Todos nos estamos muriendo en esta ciudad y nadie puede evitarlo.

TODO DECAE.

Nota de Remisión

FECHA_____ DEL 20

SR.(S)_____

DIRECCION_____

REMITO A UD. (S) LO SIGUIENTE:

CANT	ARTICULO	PRECIO	IMPORTE

Ayer me encontré con el hermano del maestro por las calles del centro. Me ha contado que el maestro cayó en el hospital, por una sobredosis de grapas que le sacó algo más que deliciosas carcajadas. Le ha dicho que quiere verme antes de que cualquier cosa pueda pasar. Así que llego al hospital. Las puertas electrónicas se abren, dejo mi nombre y firma en el libro de visitas con la hora de mí entrada. Dos de la tarde, hora de comida para los internos. Uno de las enfermeros me pregunta que qué soy del paciente. –Su amigo– le suelto. Pasamos varios cuartos con camillas enumeradas por la parte alta de las cabeceras hasta que por fin llegamos a la de él. El maestro se encuentra tirado en la cama tratando desesperadamente de sacarse el catéter. La enfermera ve la acción y corre a regañarlo, igual que a un niño que pisó montones de orugas, justificando que eran demasiado feas como para convertirse en algo más. La enfermera vuelve a introducir el catéter en su lugar, y le da una advertencia al cuerpo tullido sobre la cama. El maestro es una imagen deformada de lo que fue cuando nos conocimos, se ha convertido en una casa de espejos martillados fríamente. Su mente sólo genera confusión. Delgado hasta la exageración, la piel se le pega a los huesos, sus ojos hundidos carecen de brillo alguno. La bata que le han puesto le viene de paracaídas, el maestro cayó donde jamás pensamos que lo haría. Nos metíamos droga juntos, sí, pero inclusive nosotros sabíamos que llegado cierto punto, era mejor no continuar, parar de vez en cuando para descansar el cuerpo y eso. Luego de sentirnos mejor, eso sí, a darle.

La enfermera me dice:
– Le hace bien ver gente conocida, ha estado muy inquieto los últimos días luego de su crisis.

Me ve como no creyendo la cosa y me tira:
– ¿Centauro? ¿Qué haces aquí cabrón?

Le voy:

—Pinche maestro ¿tú qué haces aquí? ¿Qué te pasó?

—Yo te hacía en Canadá enfriándote las patas ¡jajaja!

—Me agarraron los de la puta inmigración y pues aquí me tienes, vi a tu carnal ¿pues qué te metiste?

—Un poco de la blanca.

—Un poco, casi te lleva la chingada.

—No es para tanto, lo que sí es que perdí mi trabajo y también el depa, mi carnal ya fue a sacar mis cosas, mira ahí están en esa caja de cartón.

—Pues no es mucho lo que hay en la caja sólo algo de ropa ¿y lo demás dónde quedó?

—Se lo llevó lo que me trajo aquí ¡jajaja! pero tú qué pedo ¿en qué andas metido ahora?

—Más de lo mismo y sigo sin aburrirme.

La enfermera vuelve con la bandeja de comida.

Sopa de pollo, pan bofo, vegetales recocidos, gelatina de limón. La enfermera se retira.

— ¡Buaj! Esta pinche comida sabe a madres, no tiene sabor, pruébala.

—No yo paso.

—Ándale pruébala, bueno de menos huele, ¿verdad que no tiene ni olor?

—No maestro pues olor sí tiene, lo que pasa es que ya te chingaste el sentido del olfato por tanta mierda que te has metido por las nenas.

—Ah no me jodas Centauro… oye ¿te acuerdas de las cascadas? Tengo ganas de volver a ir, ¿te acuerdas de los desmadres que armábamos allá? ¡Jajaja!, y la primera vez que fuimos, no creí que te aventaras, te temblaban las piernas ¡jajaja!

—Sí, sí me acuerdo tiene rato que no vamos, pero mira, en cuanto te cures nos largamos para allá ¿cómo la ves?

—Bueno.

El maestro mira melancólicamente la temblorosa gelatina de limón, como si tratara de descifrar algo. De pronto, con una tristeza que nunca había mostrado frente a mí, suelta:

—Tengo ganas de volver a brincar en las piedras, tengo ganas de volver a flotar Centauro, quiero volver a flotar chingada madre… caminar en el desierto y perderme, ir a lugares desconocidos, flotar carnal, flotar.

—Pero si ya flotaste demasiado maestro, por eso es que estás aquí ¡Jajaja!

– ¡Ja! Oye hazme un favor.

– ¿Qué?

–Tráeme unos tacos o un lonche o algo de la calle que tengo un chingo de hambre, porque entre el caldito de pollo y el suero me voy a morir en serio.

–No jodas maestro, esa comida es para que te pongas bien, si te traigo algo de fuera y te cachan entrándole, ya no me van a dejar entrar.

Hace un intento de hablar igual que en aquellas ocasiones en que parecía un verdadero adivino. Nada es lo mismo.

–Tú cómo sabes, a lo mejor y al rato también andas por acá, mira esa cama de ahí enfrente, te la voy a guardar ¡jajaja!

– ¡Jajaja!

–Bueno de menos tráeme algo para leer.

–Te traje un libro para que te entretengas mientras estás de vacaciones, tómalo es tuyo.

–*Hijo de Satanás* de Bukowski, gracias Centauro, oye y si…

–Uy no maestro nada de droguitas metidas de contrabando, mírate, cúrate y entonces sí a darle.

Guardamos silencio durante un largo rato, como uno de esos encantadores silencios que antes solíamos promover, completando las palabras en la mente. Al cabo de un rato me preparo para la despedida, pero él me detiene con una frase, mientras su mirada se pierde tras las persianas de la ventana. Lo inminente, lo que hace tiempo hemos debido compartirnos, pero ninguno de los dos reunía coraje suficiente para hacerlo, se manifiesta.

–Nunca lo conocí, ¿sabías? A él…

Cállate maestro no le sigas por ahí.

–… a mi padre, nunca lo conocí…

Te lo advierto maestro cierra la boca y mejor guarda silencio.

–… se fue antes de que yo naciera para no volver, no dejó ni rastro para seguirlo, ningún número, ni una dirección, Centauro ni una sola puta dirección, ese hijo de puta malnacido, ese cabrón, quién se cree trayendo hijos a lo pendejo al mundo ¿eh?…

Maldita sea maestro ¿no te podías quedar callado, no te podías guardar esto para otra ocasión, para ninguna ocasión? ¿Tenías acaso que romper el silencio de esta manera?

–… con qué autoridad, con qué derecho se atreve a traer niños al mundo, para luego abandonarlos jodiéndoles la vida para siempre ¿eh?, pinche viejo cabrón… lo fui a buscar ¿sabías? En Acapulco, me dijeron que ahí estaba viviendo, alguien me dio su dirección pero cuando llegué él ya no vivía ahí, se había largado a otro país, eres un hijo de puta lo sabías ¿eh? Mamón de mierda, lo sabías eso eres un mamón de mierda…

Ya no hay marcha atrás.

–… sólo me gustaría saber cómo es para luego madrearlo y nunca más volver a verlo Centauro, sólo eso me bastaría, sólo para quitarme la duda de quién es el que me engendró, para saber porqué soy como soy y qué chingados me ha llevado a tomar las decisiones que he tomado. Un acceso de llanto incontrolable se desprende de sus ojos. Un niño que se ha caído de la bicicleta a toda velocidad entre las piedras. Nunca lo había visto llorar, nunca lo había visto así, convaleciente, jodido, acabado. Una muestra de tal sentimentalismo sólo puede provocarme dos cosas: Rechazo inmediato, debido a cuestiones profundamente personales, que tienen que ver con mi pasado, o una empatía comprensiva, que surge sólo con aquellos a los cuales les tengo una gran confianza (como al maestro) y qué crees, también albergada en las raíces de mi biografía vivencial. Detalles sin importancia, neguemos su existencia, me he dicho. Al derramar sus lágrimas, descompuesto completamente, el maestro vuelve a ser el Maestro por un instante, sin querer, sin desearlo, sin importarle una mierda, y sin embargo, el desprecio ante la debilidad aparece de nuevo en mi temperamento de porquería. Rechazo su actitud pusilánime al no haberse podido controlar. El maestro llora y gime igual que una puta golpeada hasta el resquebrajamiento. Sigue hablando con mocos en la cara, cuenta detalles sobre su madre histérica que lo golpeaba cada vez que podía.
–No me golpeaba como se golpea a un niño, ni a mí ni a mi carnal, nos ponía unas madrizas para desquitar su odio contra mi padre por haberla abandonado, a un niño no se le pega así Centauro, no hasta sacarle sangre y medio matarlo.

No se detienen ni las lágrimas, ni la historia, ni los recuerdos acerca de mi padre, ni mi deseo de alejarme inmediatamente de este lugar. Un coágulo me cierra la garganta impidiéndome respirar bien. No aquí por favor, no aquí, mejor donde me encuentre solo, donde nadie me vea llorar, allí donde mi baja autoestima me lo permita. Freud se anticipó hace mucho a los problemas del maestro. Jung lo hizo a su vez con los míos, y en el absurdo juego del póquer, cuando uno de ellos ganaba las apuestas, los roles se intercambiaban.

—Ya no he sabido de ella, mi carnal dice que un día cuando yo ya no vivía en su casa, llegaron los del manicomio y se la llevaron, mi carnal fue a dar al DIF y yo a la calle.

No, no puedo quedarme más tiempo junto a él, aquí, en este hospital de camillas apestosas, de luces blancas de carnicería, de paredes lisas que se me acercan y me asfixian. El asqueroso olor a desinfectante introduce voces en mi oído:
Hermes Centauro aquí te guardaremos tu lugar, aquí caerás a tu vez, a su debido tiempo, e igual que él también llorarás de desesperanza, también llorarás a tu padre o a tu madre, aquí, después de la sobredosis que se acerca y te colgará con sus ganchos cuando menos te lo esperes, no te molestes en impedir lo inevitable muchacho, si el maestro cae así mismo lo hará su discípulo.
Pero no, los pecados del maestro no serán los del discípulo, los vicios del maestro no tienen que afectar al discípulo, no, no, no, con una chingada, yo no voy a caer aquí, eso sería lo último, eso sería lo último. Me contengo mientras el maestro ha tomado mi mano apretándola con suficiente fuerza como para dejar marcas con sus uñas. Me controlo con todas mis fuerzas y le suelto con un vahído:

—Buenas o malas, han sido tus decisiones maestro, no de tu padre o de tu madre, no de ninguno de ellos.

El sudor corre por mi frente y mi cuello. Si no has podido llorar, el cuerpo encuentra otras formas de filtrar tus emociones, es eso o un cáncer de mierda que te acaba con el tiempo, o una embolia centelleante. Yo tengo mis vicios y mis convulsiones.

Él me mira, buscando haber tocado las fibras sensibles de mi pasado, que resulte en una confesión personal. No sucede. Una catarsis a la vez maestro, una a la vez. No necesito un psicólogo, he terminado con ellos y no pienso volver atrás. La enfermera regresa para decirme que el tiempo de visitas ha terminado, que es hora de cambiar el suero y que el maestro tiene que dormir... a base de sedantes. Droga ilegal vs. Droga legal ¿Cuál ganará? Hagan sus apuestas señores, hagan sus apuestas.

La ironía me salva del instante. Pero el dolor herrado a alta temperatura no se despega de mis espaldas.

–Oye pues te veo bien, a ver si luego me puedo dar otra vuelta.
– ¿Qué ya te vas?

Señalo a la mujer que me mira con ojos de:

Haga favor de largarse de aquí, ya que seguramente es usted el culpable de lo sucedido a su amigo, maldito cara de yonqui irresponsable.

–Pues...
–Sí entiendo, luego nos vemos... ey no te olvides de las cascadas.
–No, no me olvido.

No, no se me olvida, eso es algo que nunca se olvida, verte llorar es un aprendizaje que nunca se olvida. Pero no puedo vivir de recuerdos, algo tengo que hacer, algo debe pasar con mi vida, el maestro ya no es mi Maestro, solamente un intento de lo que fue, igual que yo, diametralmente opuestos a lo que podríamos ser pero no lo hemos logrado hasta ahora, y quién sabe si los dioses de mierda querrán que lleguemos a ese remanso de tranquilidad. Voy a la puerta, antes de salir, sus ojos desorbitados se cierran por efecto del calmante. Su mirada se clava en la mía. Simula una guardia de box mientras tira un par de lánguidos jabs al aire. Sus párpados caen. No sé si lo volveré a ver. No sé si tendré el valor de volverlo a ver así.

EN BUSCA DEL HONGO.

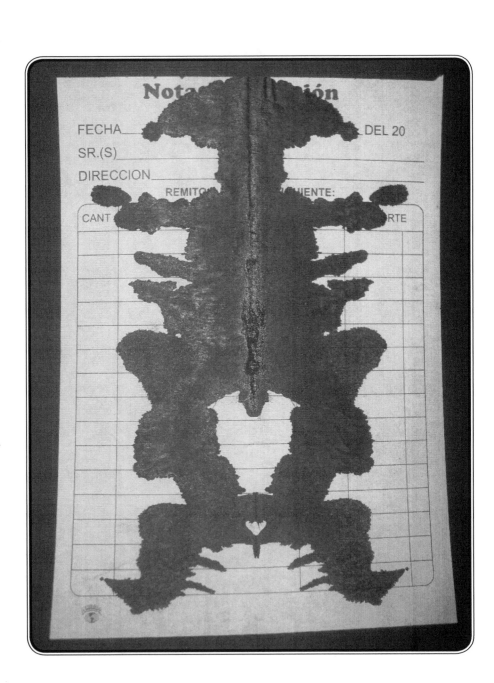

He llegado a una parte desconocida del bosque, donde hay hongos poderosos. En el camino me encuentro con otros exploradores que ya se han hecho de varios de ellos. Los saludo como se saluda a un par de cabrones desconocidos que no tienen nada que ver contigo, salvo el hecho de que han venido a hacerse de algo de lo mismo. El primero me saluda sin problema, pero el otro renuente a darme la mano me mira un buen rato mientras dejo la mía estirada. Me saluda débilmente y veo que en su brazo sobresale una vena de entre las demás por su color café seco. Uno de ellos me suelta:

–Quiuboles vato ¿andas también buscando?
–Sí apenas voy llegando.

El otro que lo acompaña casi no habla y tiene una peligrosa mirada de ansiedad.

–Dale por allá, te vas a encontrar con varios derrumbitos, ahí hay un chingo de vacas, yo ya traigo lo mío.
– ¿Y tu camarada?
–Él no le pone a esto, lo suyo es el arpón.

El otro voltea a ver a su amigo instándole a que se larguen inmediatamente del lugar en busca de un sitio propio para pincharse. Le suelto conteniendo la risa con todos mis músculos:

– ¿Qué te pasó en el brazo camarada?
– ¿Qué me pasó de qué compa?
–No pues nada más digo que te pasó en el brazo.

Vuelve a verme con unos ojos entre rabiosos, ansiosos, y con necesidad acuciante de contarme la historia, para así sentirse el tipo más duro que cualquiera, (un lejano chillido del maus hace de débil eco) porque según él

en su manera de organizar su pensamiento, aguanta más metralletas en las venas que ninguno.
Salvo por esa vena.

—De tanto picarme con la chiva así me quedó compa, pero no me agüito, este cabrón sí, dice que luego la gente se le queda viendo a mi brazo con asco, pero a mi me vale madres, ¿verdad cabrón que a mí me vale madres?
—Hey.
—Al cabo tengo todavía el chinguero de venitas por aquí y por allá, para eso dios me dio dos brazos ¿verdad cabrón que para eso me los dio?

El otro contesta afirmativamente, haciéndome cara de que no le haga mucho caso al rabioso yonqui este.
Llama al otro para que le detenga su cargamento y comienza a cocinar en un recodo de las veredas del bosque donde el aire casi no pasa. Se arremanga la camisa, se ajusta el cinturón al brazo dando golpes violentos a su brazo bueno, para mostrarme que es un tipo con güevos, el otro que ha terminado de poner el tóxico en la jeringa, se la pasa. El yonqui rabioso termina deshecho en cuestión de segundos, cantándole canciones a las hormigas en el pastizal. Su amigo me dice nuevamente hacia dónde moverme mientras se despide, luego lo levanta y se lo lleva rastras como a un cadáver recién desenterrado con años en proceso de descomposición. Ahí va el chico malo de la heroína.
Cruzo varias cercas de alambre de púas, y me meto a un vasto terreno lleno de vacas pastando. Camino con calma, buscando las mierdas de los animales donde brotan los hongos. Encuentro varias familias de ellos, los derrumbes, que es como les llaman los conocedores, saco un frasco de vidrio con un poco de miel, quito la tapa y los voy metiendo con cuidado, agarro la cantidad necesaria y me voy a un árbol para comérmelos. Mientras trepo comienza la tarde. Saben a tierra pero su sabor no es tan fuerte como el del hikuri, que ese sí, solamente haciendo acopio de voluntad te lo tragas solo. Termino. Pasa un buen rato. Los zumbidos de las abejas y las moscas resuenan en mi cabeza igual que turbinas de avión, la marcha de las hormigas que antes eran inaudibles ahora parecen hachazos contra las raíces del árbol, el viento sopla a través de mi cuerpo pasando aire desde mi nuca hasta la salida de mis ojos, el cielo se achica compactándose en una esfera sólida de gases violeta, arriba donde debería encontrarse el cielo, no hay nada, ha quedado vacío transformado en un ofuscante lienzo blanco. Un centauro se acerca al galope desde muy lejos frenando ruidosamente al pie

de mi resguardo, trae un arma, un rifle y dice algo que no entiendo, grita mientras agita ambos brazos, las palabras se transforman en onomatopeyas de mugidos babosos apenas salen de su boca, el centauro trae un sombrero de charro, me apunta con su arma. No me muevo. Se encabrona y con la culata me da un golpazo en el estómago que me cimbra, una serpiente de cannabis risueña se enrolla en mi torso, el jalón me tira, algo se ha roto o al menos suena a eso cuando me caigo del árbol, sus patas me pisotean, luego el centauro se deforma para transformarse en hombre. El hombre me patea, golpea una y otra vez con puños masivos, un cabezazo en mi nariz me hace ver rojo, ¿por qué sangra su frente? Mi cuerpo de goma blanda bajo el sol de medio día, se dobla sobre sí mismo sin sentir ninguno de los músculos, una última patada de sus botas puntiagudas estalla en el vientre, viene la electricidad, y el sol se apaga.

Hace frío.
Mucho frío.
Cuando despierto no puedo ver nada, ni siquiera soy capaz de abrir los ojos. Siento una hinchazón tremenda en los parpados. Me duele todo. Tengo rota la nariz. No puedes esperar salir de una chinga como esa sin al menos tener una nariz despedazada, labios reventados y un tórax magullado con dolores igual que si te hubiera pasado un puto tractor encima. Los dientes han quedado su lugar. Pienso en mi lápida parafraseando a Robert Frost a mi manera:

Dos caminos se bifurcaban en un bosque y yo,
Yo tomé el menos transitado,
Y eso hizo toda la diferencia…

Claro, una madriza de antología hizo toda la puta diferencia. Los coyotes han comenzado a aullar, o me muevo de aquí o me cargan esos cabrones. Pero no me muevo, no puedo, hago esfuerzos sobrehumanos para incorporarme, una, dos, tres veces. Me arrastro tentando en la oscuridad sin darme cuenta de hacia dónde me muevo, y lo único que logro es que mi brazo derecho termine por dislocarse, cuando caigo por la orilla del barranco y me estrello contra un árbol. ¡Ahhhhhhh puta madre que te mal parioooooó ahhhhhhhhhhh!
Y sí, llanto, alaridos hasta quedarme afónico, el gruñido de las bestias que han venido a saludarme, y sí, la tentadora amenaza de la convulsión y el desmayo. Despierto en medio de gritos y el chillido azorado de los coyotes que se han ido. Alguien me habla:

– ¡Ey tú Eeeeyyy tú! Te hablo exactamente a ti, sí, el imbécil que está cubierto con las costras de su propia mierda, el que huele a orines rancios, sí, tú, el que está masticando su propio vómito. ¿Qué ya estás sintiendo el derrumbe? ¿Nooooo? ¿Entonces porqué me miras sin mirarme, cómo es que me ves sin verme eh? ¡Jajaja! ¡Jiarjiarjiar! ¡Jo jo jo! ¡Juajuajua!

–Quiém ers, duonde sts?

–Jajaja! Mira abajo, aquí en la tierra donde cada vez pasan menos tiempo tus pensamientos, ey aquí, en la raíces.

– ¿?

– ¡Sí mírame bien, pero no puedes verme, mira como te han dejado, ahora te voy a sacar de aquí!

– ¿…?

–Vamos levanta con una mierda, tenemos que sacarte de aquí, tengo que decirte un par de cosas.

– ¿Mhmm?

–Tomé tu navaja para zafarme del árbol mira que si no te hubieras movido me habrías facilitado mucho las cosas, y esos coyotes ya te tenían, por suerte todavía tienes las orejas, a ver dame tu mochila para guardar un poco de esta tierra y ahora larguémonos de aquí. Escucha, tu has venido aquí por conocimiento o por error ¿O me equivoco?, estás aquí por gusto, por decisión pero eso ya es algo, aunque ciertamente en realidad no importe, la cuestión es que estás aquí perdido en el tiempo, en tu tiempo y en tu espacio, tratando de comprender lo que te está rodeando, digamos ¿últimamente? Es interesante tu idealización del mundo espiritual pero estúpida, mira jamás podrás volar materialmente metiéndote esa cantidad de mierda por el sistema, ¡Tienes el cerebro hecho polvo de tantos químicos! ¡Estúpido! ¡Eh tu! ¿Me escuchas? Mira no necesito esta basura de comunicación así que hagámoslo lo más pronto posible, fui castigado por los dioses igual que tú, por eso estoy aquí en la tierra alimentándome de gusanos y una que otra mierda ocasional, antes era un mago o un guerrero, la verdad es que ya no lo recuerdo, pero creo estar completamente seguro de que no siempre fui una puta raíz de mandrágora, como tú, que no siempre fuiste un yonqui asqueroso, tu cerebro racional anda débil ¿eh? Mira que hasta a mi me hace hablarte raro y con circunloquios.

– (No m jds m muchil stá blandog conmighj)

–Bueno el caso es que seré tu guardián por algún tiempo, pero viendo tu estado creo que me quedaré hasta que salgas de esta crisis.

– ¿Mi áungel guerdián?

–Tu ángel guardián no imbécil, tu guardián.

–Buenso es tneer éngels gardians.
–*Calla ahora vamos a casa hijo mío.*
–*Está bien papá.*

La criatura toca mis piernas, mis brazos y mi frente llenándome de una energía extraña que me ayuda a levantarme. Pero no soy yo el que se mueve, es *eso, algo* lo que me mueve y me dirige en medio de mi ceguera. Despierto. He abierto mis ojos sin problema. Me he levantado de la cama, puedo caminar mejor, voy hacia el espejo, apenas quedan rastros de los golpes, salvo por unas marcas púrpuras-verdosas alrededor de los párpados y las mejillas. Algo de sangre seca pinta las orejas. Tengo viendo ese frasco de vidrio lleno de tierra por… ¿cuánto tiempo? Son las dos de la tarde… ¿cuántos días dormí?… y ese frasco, qué tiene dentro. Me paro, tomo el frasco, lo quito del foco de luz roja… lo abro y veo salir unas raíces que parecen cabellos de entre la tierra, tiro un poco de ellas. No hay movimiento. Voy a la alacena, tomo una guayaba, me vuelvo a dormir.

REALMENTE PARECE HUMANO.

Aunque no lo es.

He sacado la raíz del frasco, está inmóvil con la piernas cruzadas, me recuerda a esos yoguis de los Himalayas, tiene un aspecto realmente joven, algo arrugada eso sí, pero qué se le puede hacer a una cara que ha nacido en la superficie de una raíz, la dejo bajo la luz roja, fuera del frasco, y entonces empieza a temblar un poco hasta que abre los ojos, me ve, gira la cabeza para averiguar donde se encuentra, se incorpora. Qué manera tan curiosa de andar. Inspecciona todo en silencio, observa los objetos que adornan el lugar, toca la lámpara que está caliente pero no se quema, va donde el frasco, ha revuelto la tierra que está dentro, parece buscar algo con rigor, finalmente se da por vencida se mete un buen puño de tierra húmeda a la boca y mastica de manera pintoresca, entonces me voltea a ver y tira:

–Necesito lombrices.
– ¿Qué?
–Necesito lombrices y unas cochinillas tampoco estarían nada mal, tal vez unos caracoles o unos grillos.
–¿?
–Para comer amigo mío.
–Oh sí ya entiendo, eh te iré a buscar algo al parque.
– ¿Qué tal va tu brazo?
– Bien supongo, ya no me duele.

Come ceremoniosamente los insectos que le traje. Un poco de cada uno. Con la paciencia de un asceta, no vale la pena tratar de explicar qué hace una raíz de mandrágora parlante en mi habitación, pues no veo otra alternativa de realidad en mi vida, ¿realidades alternas qué es eso? Esta es mi única realidad, no hay más explicaciones.

PRANA.

—Muy bien quiero que respires.

—Pero si ya estoy respirando.

—No, idiota, tú no estás respirando estás resoplando, a ver inhala.

— ¿Así?

—No, no infles el pecho, hincha el estómago.

—Pero si no he comido, ¿cómo lo voy a hinchar?

—A ver escucha, tírate al suelo y agarra esa piedra, póntela en el pecho y si se levanta cuando respires quiere decir que estás haciendo todo mal.

—… Sí mandrágora, sí se levanta.

—Pues claro que se levanta mi estúpido amigo, ahora vas a evitar que se levante, infla la panza, no, el pecho no, la panza, a ver mira cómo lo hago… ¿viste?

—Sí mandrágora, pero a mí no me sale, la piedra se sigue levantando.

—Bien, te voy a ayudar, me voy a sentar en la piedra para que haga más peso, y tú vas a inflar el estómago aguantándote el aire adentro.

—Bueno.

—Ahora, mete el aire hasta la panza.

—…Ya.

— ¿Ya?

—Ya.

— ¿Ya qué? tonto no ves que la piedra se sigue levantando, y te dije que aguantaras el aire adentro.

—Pues tú me hablas, te tengo que contestar.

—Con que digas sí con la cabeza basta, ahora mete el aire, ¿ya?

—No puedo.

—A ver déjame pensar en algo… cuando fumabas marihuana ¿cómo lo hacías?

—Pues le jalaba al gallo y ya.

—Sí eso lo sé, pero ¿hasta dónde llevabas el humo?

—Pues hasta debajo de los pulmones.

—Ah muy bien entonces imagina que estás fumando marihuana.

— ¿Piedra no?

– ¡Splat!

– ¡Auch!

–No te distraigas, imagina que estás fumando hierba, a ver hazlo.

–…

–Suelta el aire.

–Ahhhhhh

–Otra vez.

–…

–Suéltalo.

–Ahhhhhhh.

–Otra vez.

–…

–Ándale así se inhala, bien ahí quédate un rato, no lo sueltes, te voy a contar una historia. Había una vez una rana y… un escorpión, el escorpión quería cruzar al otro lado del río, así que le pidió ayuda a la rana, pero esta le dijo que no porque la mataría, el escorpión le promete no hacerlo así que… ¿qué te pasa por qué estás morado?, ah sí verdad, pues estás aguantando la respiración muy bien sigue así, sólo así vas a aprender a respirar bien, ¿en qué iba? Ah sí, el escorpión se monta en el lomo de la rana y cuando van a la mitad del río, el escorpión no se aguanta y le mete un pinchazo a la rana, esta moribunda, le pregunta porqué lo ha hecho, ahora los dos van a morir ahogados, y el escorpión le contesta… qué le contesta… ah sí, le dice, qué quieres que haga es mi naturaleza ¡jajaja! Eso le dice, es mi naturaleza, ¡jajaja! ¿Lo entiendes? Y los dos se ahogaron, ¡jajaja! El escorpión prefirió morir a cruzar el río e ir contra su naturaleza, bueno ya, suelta el aire que te me estás poniendo azul.

–Ahhhhhhhhhh! Ahhhhhhhh! ahhhhhhhhh!

– ¿Cómo te sientes?

–Ahhhhhhh! Casi me ahhhh ahogo.

–Qué te vas ahogar ahora vas a repetir esto mismo treinta veces, ¿bien?

–Ya me pesa la piedra en el pecho.

– ¿Ah de verdad?

–Sí.

– ¿Ves aquella piedra del doble de tamaño que esta?

–Sí.

–Pues ve y tráela.

–¿Para qué?

–Tú ve y tráela sin preguntas.

–Aquí está.

–Ah gracias, muy bien ahora póntela en el pecho.

–Pero me va a pesar más que la otra.

–Ah sí, eso no importa, es que esta piedra más chica no me dejaba sentarme bien, me iba de lado.

– ¿...?

– ¿Qué esperas, aplausos o qué?

–Pero...

–Pero nada, ¡Splat! sin preguntas ni quejas.

–Auch, bueno pero no me pegues.

–Silencio, ahora a respirar.

–...

–Eh que no se levante la piedra, comienza de nuevo, uno, dos, tres, cuatro, cinco, seis, siete, ocho, nueve, diez... veintiuno, veintidós, veintitrés... veintinueve y treinta, ya.

-Ahhhhhhh!

–Ahora ya sabes respirar con el estómago, vamos a pasar a lo siguiente, cuenta cinco segundos cuando inhales, cinco retienes el aire, lo sueltas en cinco y te quedas cinco segundos sin aire, luego otra vez, acuérdate, cinco, cinco, cinco, cinco.

–Bueno ahí voy.

–Eh eh, ¿cómo va?

–Mmm, cinco, cinco, cinco, cinco.

–Muy bien, hazlo.

–...

–Inhala cinco uno, dos, tres, cuatro, cinco, retén, uno, dos, tres, cuatro, cinco, suelta, uno, dos tres, cuatro, cinco, sin aire, uno, dos tres cuatro, cinco, muy bien, ahora tú solo.

–...

–Te pesa la piedra, ¿no? Ves te lo dije, sigue con tu respiración, hasta que llegues al treinta. Mira no me equivoqué esta piedra es mucho más cómoda que la otra.

–...

–Demasiada porquería te has metido, ahora vamos a limpiar bien tus pulmones, sin pulmones limpios no puedes respirar bien, vas a respirar a medias, si no puedes respirar bien no vas a pensar bien, vas a pensar a medias, en pocas palabras vas a seguir siendo un idiota, y tu no quieres seguir siendo un idiota, ¿verdad? No claro que no, sigue respirando, escucha, sé que te encanta perder tu energía, la disfrutas, pero la disfrutas porque no conoces nada más, cada vez que entras en ese estado pierdes energía, ah que sí, ¿verdad que te sientes cansado luego de pasar por eso? Sí, claro que te sientes cansado, y necesitas fumar más para recuperarte, vas regando parte de ti mismo por todos lados como si tuvieras incontinencia urinaria, eso es tu energía, lo más importante que tienes, y la riegas igual que meados. Crees que va a volver a ti, pero no lo va a hacer, porque no la has transformado, sigue respirando, la única manera de entender esto es practicándolo, pero tú sabes de qué te estoy hablando ¿no es cierto? Muy bien, sigue respirando, esto lo vas a practicar hasta que lo domines.

Sigue respirando.

Respira.

SALUDO SOLAR.

– ¡Ey levanta ya! Es hora.

–Hmmm qué.

–He dicho que te levantes.

–Pero si apenas son las seis de la mañana.

–Es la hora en que sale el sol levanta ¡splat!

– ¡Auch!

–Guarda silencio, mira y escucha:

El juego de Atlas hacia atrás. Inhala. La humildad de Ares hacia el frente. Exhala. Herakles arquero inmóvil izquierdo. Inhala. Cocodrilo inmóvil. Retén el aire. Acechando desde la tierra. Exhala. Cobra real. Inhala. Acecha desde la tierra. Exhala. La montaña del cuerpo. Retén sin aire. Herakles arquero inmóvil derecho.

Inhala. La humildad de Ares hacia el frente. Exhala. El juego de Atlas hacia atrás. Inhala. ¿Quedó claro?

–Sí.   EJDAHA.I.LHDAHEF.E.HAII.I.CI.REA.ADLT.E.CR.I.ADLT.E. LMDC.RSA.HAID.I.LHDAHEF.E.EJDAHA.I. Estas son tus claves para la prueba final en el laberinto, ¿comprendes?

–Sí.

–Hazlo.

– (El juego de Atlas hacia atrás. Inhalo. La humildad de Ares hacia el frente. Exhalo. Herakles arquero inmóvil izquierdo. Inhalo. Cocodrilo inmóvil. Retengo el aire. Acechando desde la tierra. Exhalo. Cobra real. Inhalo. Acecha desde la tierra. Exhalo. La montaña del cuerpo. Retengo sin aire. Herakles arquero inmóvil derecho.

Inhalo. La humildad de Ares hacia el frente. Exhalo. El juego de Atlas hacia atrás. Inhalo). Se siente bien mandrágora.

–…

ENERGÍA SEXUAL.

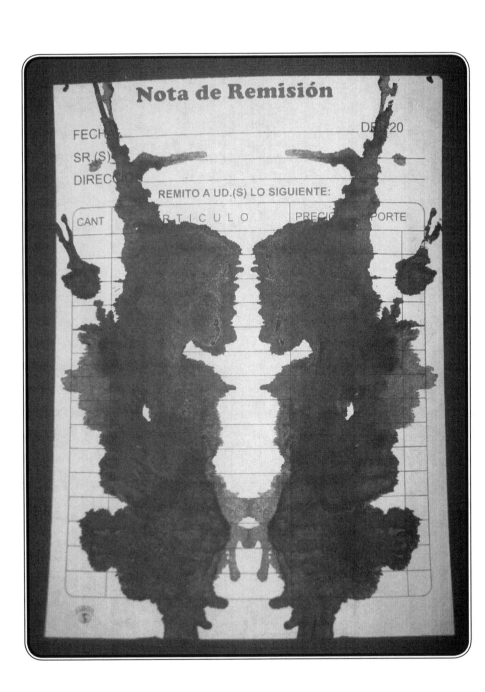

Imagina una bombilla que da luz, la puedes ver frente a ti, es una bombilla de luz roja que parpadea, bien, así es tu sexualidad presente, te atrapa, te acongoja, te domina, tu falta de poder sobre tu sexualidad y tu bombilla parpadean, ahora la ves aquietándose, concentra esa misma luz roja en los filamentos de la sinuosidad cristalina, elévalos lentamente hasta el centro del foco, recuerda esto durante todos los momentos del día, LUZ ROJA. La bombilla se encontrará frente a ti, la ves, ahora con tu lengua harás que baje con pasos de caracol hacia tu pecho, hacia tu estómago, hacia tu sexo, hacia tu ano, y ahora detente un segundo, dos, tres, mil, tómate el tiempo que necesites para sentir esa misma bombilla, foco de luz, una luz muy roja y duradera, una luz de cuarto fotográfico con revelaciones de otras vidas colgadas de un cable, con videncias de vidas por venir en líquido revelador, tu vida presente se encuentra en el proceso intermedio. Una luz muy roja y duradera, una luz enrojecida por su permanencia en la eternidad, se encuentra viva en ti a lo largo de la médula de tus vértebras, donde residen los caballos salvajes de tus pensamientos que tendrás que asesinar ahora. Sube la bombilla, apriétala con tu lengua, siente su redondez de perfecta esfera de vidrio, de trabajo de alfarero en la cúspide de su arte, pues esa bombilla que emana la luz que a ti mismo te has negado, la epítome del espíritu bohemio de un artesano, ahora es tuya, tómala con rigor de herrero, con disciplina de acerero a cincuenta y seis mazazos del final. Ahora mete la bombilla con tu lengua, a través de la cavidad de tu pene, lentamente, y siente cada centímetro de piel y nervio engrosarse con la elasticidad de una red de araña, recuerda esto durante todo el trayecto, el dolor es nulo, el tiempo no es relativo porque el tiempo no existe, el tiempo es nada y ahí todo lo conocido por ti y los dioses y los héroes y los hombres, simples mortales, pero aún así trascendencias en potencia, es nada, son nada, nada, nada, nada. Recuerda que sabes que lo que realmente importa, es que por la estrecha cavidad de tu instrumento de sexualidad una lengua empuja una bombilla de luz enrojecida, una bombilla de latente energía sexual color rojo. Ahora ve a las mariposas frente a ti pero sin abrir los ojos, mariposas que han dejado de ser crisálidas, las mariposas devoran sus carcasas para transformar sus enfermas emociones de perro hambriento, en paciencia de dientecillos degustando la vejez anticipada. Ve las mariposas, que van a unirse en cientos de combinaciones cromáticas frente a tus ojos cerrados, pero no temas, pero no te agaches, no eres un gusano, eres un hombre caballo trasformándose en un completo ser humano, no te agaches ante nadie, ante nada, ni siquiera ante los dioses, ni siquiera ante Dios, sé humilde, pero no agaches la mirada de tus ojos cerrados. Ve a las mariposas que revolotean para ti, por ti, las mariposas son la mujer que jamás has tenido y que ahora se presenta, porque tu eres el hombre que jamás has querido ser, entero, entereza, con la decisión salvaje del caballo y al inteligencia del hombre. Ahora vas a las mariposas vueltas mujer, mujer mariposas, mujeres mariposa; Mujer, de unidades de colores, no abras los ojos, ve a tientas palpando con tu lengua los alrededores, el picor de las hiedras, la tierra seca, que hace junturas entre las piedras resbaladizas de la duda, que todos los días te acosa, in, cer, ti, dum, bre, incertidumbre duda caos cosas cosificación matutina que se prolonga hasta el despertar del rabbit de la luna llena. Ahora ves por vez primera sin abrir los ojos, ve pero no toques, ve sin tocar, ir sin angustiarse, andando oliendo. El perfume que exudan los anos de las mariposas, de la mujer mariposa, porque sabes bien de lo que te hablo, huele, disfruta, paladea el aroma que te ofrece a manera de regalo la mujer alada, esto que los dioses caídos te otorgan, la mujer volante que los héroes olvidados te obsequian. Así con las piernas cruzadas, la columna recta, los ojos cerrados, avanzas por el aire mi Hermes de lira viva e incendiaria. Que la mujer volante ahora te huela a ti, deja, cede a que la bombilla en tu sexo expanda la energía de tus testículos, permite que el aroma de tu pene, de tu ano, de las fibras que recubren tu esperma, de tus axilas, de tu cuello, de tu boca, de tu pelo, de tu espalda, de tus brazos y piernas, sea absorbido por la mujer volante que te toma por sorpresa, la mujer te ha enseñado a esperar, en este mismo momento. Ahora la tomas sin abrir los ojos, sin dejar entumecer tu lengua, vas, la recorres, viene y te huele el sexo, vas a oler el de ella, lo mordisqueas despacio, lento, transgresoramente despacio, lo comes igual que el último banquete. ¿Gime? Ella te hará gemir también, más allá de lo que ansías, la mujer mariposa, la cosa se queda se cae se confunde, ¡Ah pero el sexo, Ah pero el amor!, pero esto apenas comienza. La mujer mariposa dobla sus alas sobre tu figura de estatua flexible, con las piernas cruzadas, te cubre con perfumes que no habías olido, te besa y tú inmóvil, te masturba con la boca, con la uñas de sus manos, y la luz de la bombilla es intensa, el rojo quema todas las fotografías del pasado, futuro rojo, en el rojo sólo quedas tú, te hace el amor y sólo quedas tú, y el rojo, y en el rojo, tú eres un buda de piedra. Ahora las cosas cambian, pues donde Shiva encuentra a Kali los universos revientan en un orgasmo de galaxias, le haces el amor y sólo queda ella, se acarician hasta el final y hacen el amor y sólo quedan ella y tú y el rojo. Ahora abre los ojos. Esto es la energía sexual controlada, transformada, bien empleada, enfocada, recuerda esto, podrás estar en los pantanos de Lerna viendo cabezas de la Hidra por todas partes, pero aún eso no te sirve de nada, pues tienes que ir degollando las ideas innecesarias e ir quedándote solamente con lo que es irremediablemente elemental, la concentración, el filo de la espada y la consumación por el fuego que cauteriza los cuellos de las viejas heridas. Grábate esto, concentración, entrega, transformación. Ahora derrama la urna sexual de las cenizas de los caballos muertos sobre tu cuerpo, píntalo, ahora eres una trascendencia latente. Estás listo para tu última prueba, estás listo para confrontar tu propio laberinto.

ESTERES TÚ.

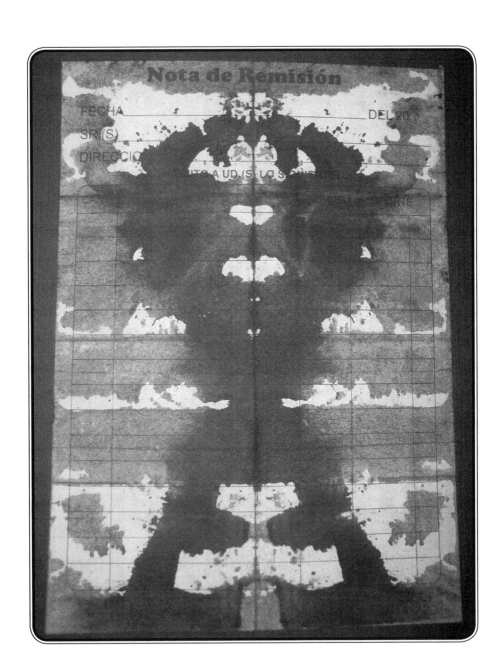

Mi madre caerá por mi mano. Ella profanó los templos con el toro blanco de Zeus para dar a luz a mi padre el Minotauro. Ella, la que abandoné antes de ser devorado por sus mandíbulas atenienses, la que dejé muy atrás en los recuerdos que rara vez acecharon mi memoria, la que por más que las distancias, la que por más que las mujeres, la que por más que las experiencias, la que por más que la rabia, sin embargo, estuvo ahí. El cariño mata. El amor también. La sobreprotección con telarañas de tarántula termina por dejar cascajos de hombre. Así como el abandono. Ayer la asesiné en mis sueños. Ayer el matricidio añorado, perfecto, justo, calculado con matemática de Fénix. Hoy ocurre.

EJDAHA.I.LHDAHEF.E.HAII.I.CI.REA.ADLT.E.CR.I. ADLT.E.LMDC.RSA.HAID.I.LHDAHEF.E.EJDAHA.I. Doce veces frente al sol que se oculta tras las piedras de la humedad. La energía viene como atragantamiento de aire controlado. Concentración.

Este eres tú.

Leí en la entrada del laberinto, no había luz, no la necesitaba, el sol cayó sobre su costado para ascender llegado el momento. La mandrágora me ha enseñado a andar en la oscuridad, usando mis otros sentidos antes atrofiados.
La mandrágora repitió:
–Este eres tú, anda ve y entra de nuevo en ti, anda, ve y sal de ti mismo ahora que has aprendido a hacerlo.

Mi madre vino de rodillas a mi encuentro, me tendió una madeja de hilo dorado que salía de su vientre, con sus manos de porcelana artrítica, luego de entre sus cabellos sacó una daga de piedra y me dijo:
–Toma este hilo, amárralo a la puerta de entrada donde yo permaneceré, llévalo hasta la cámara secreta, con esta daga matarás a la bestia que mora

en el centro del laberinto, una vez muerta ven a mí de nuevo siguiendo el sendero del hilo.

La mandrágora dijo:
—La bestia que buscas es bicéfala sólo aniquilando la primera cabeza ganas el derecho de tomar la otra.

Ya no tengo que buscar la primera cabeza de la bestia, ya la he encontrado, y ahora que veo de frente los ojos de la humillación, no debe existir más, pues en los caminos bifurcados de la vida los espacios se acortan al final y la respiración cesa, ahora que he encontrado la primera cabeza, corto de tajo mi pasado, mi mano siniestra coge su pelo violentamente estrujando su cuerpo por todos lados, de un mordisco predatorio arranco el hilo dorado, la daga de piedra atraviesa con rabia a la escandalosa muñeca enferma que controlaba mi pasado. Psicóticamente los tajos suceden uno tras otro a la par de la violación liberadora. Ella grita, intenta gritar, intenta hablar, intenta opinar irguiendo sus manos de porcelana quebradiza sobre algo que con justicia le concierne, pues es su vida la que va desvaneciéndose, es su vida de lo que se está hablando, es su vida la que encalla en el Puerto Abismo sin llevar a su lado mi vida. Y con ese vahído lastimoso, el último, se calla mientras el brillo de las pupilas cesa entre los dientes que luego las escupen. Sus miembros cercenados son vaciados en un costal, con mi sangre pinto una sonrisa en él. Lloro de felicidad. Una carne, una sangre, un olvido, dos carnes, dos sangres, caminos distintos, el principio del fin profetizado. La carnicería termina pero apenas empieza, entre los charcos de un líquido oscuro.

La mala suerte no existe, me digo, la falta de concentración sí, la habilidad de ignorar las trivialidades. Somos niños de veintitantos, de treinta y tantos, de cincuenta y tantos, con la retención astral de alguien que ha perdido la inocencia hace mucho. La mala suerte no existe me repito. Concentración.

Entro al laberinto armado únicamente con una daga de piedra, mis puños, y mi enfoque. Una entrada. Un problema. Humildad. Ando en la total oscuridad.
La ausencia de luz nunca ha sido mi problema, ha sido mi prueba que no he logrado superar, me digo para calmarme y callo justo cuando la geometría confusa de los muros del laberinto hace presencia. Reconozco

su entrada la dureza de sus muros que me hace las esperadas reverencias, igual que entrar de nuevo al seno familiar y sabes que en realidad no te importa. Luego de varios minutos llego al primer corredor, el dilema, dos respuestas para una sola pregunta, pero en dos respuestas sólo hay una solución, la memoria tiene lo primero, el instinto lo segundo. Y huelo el pasadizo izquierdo, meto mi nariz hacia adentro, muy al fondo, donde las precipitaciones eólicas apenas llegan con un insignificante suspiro. Ausencia de luz. En la otra entrada el sátiro toca su flauta, la música hipnotizante intenta doblegar mi voluntad, lo logra. Casi. Llevo mis pasos hacia atrás para tomar el camino que sé es el correcto. Al frente, hay que seguir de frente, siento las estrecheces del pasaje que se extreman conforme avanzo, el suelo se empequeñece, así que reduzco mis correrías sanguíneas, mis intentos de forcejeos brutos para deslizarme por el túnel cabizbajo del laberinto. Sólo así es que se puede andar por la vida sin perdérsela, adaptándose, improvisando, fluyendo, con humildad. El techo cae paulatinamente para cerrarse con el suelo y las paredes, lo que fueron muros de piedra ruidosa, se han convertido en un piso agudo en sus bordes, con ángulos de arpón. Las cuchillas del túnel atraviesan las sandalias ridículas que cubrían mis pies abiertos, no es momento de atender las heridas, me digo, hay que llegar al final. Luego de beber de mi sangre al ras del suelo, las cuchillas se ocultan dejando trozos de piedra que se convierten en rostros de ceniza. Las formas desdibujadas de mi padre, mi abuelo, mi bisabuelo, las inmundas figuras paternas de conflicto y autoridad, sueltan carcajadas vulgares al pisarlas a lo largo de todo el pasillo. La pedrería ceniza desaparece tan pronto cesan las dudas. Sigo mi camino. Me topo con un nauseabundo muro que destila una especie de líquido, huele a líquido amniótico, qué cómo es que lo sé, la memoria furiosa sabe de esto. Comienzo a excavar las tripas del muro. Excavar. Salir con vida. Con mis manos de pala y mi cabeza aplastada. No sé en que parte del laberinto estoy, pero el instinto me dice, que la única manera natural de salir de este pasadizo, es tirándome de cabeza al vacío como tantas otras veces cuando no me importaba nada, sacudiendo tanto a las tripas como a los pensamientos. Esta vez, sí me importa. Salgo. Tres entradas. Opciones. Uno de los caminos me lleva hacia el lado del maestro que aparece en forma de fantasma en el umbral de la puerta, mirando en silencio los artefactos del delirio en sus manos. El otro me dirige a la salida hacia el camino fácil que tantas veces he experimentado, ese sendero lleva hacia la nada, no puedo permitirme salir de aquí hasta no haber llegado a cumplir mi prueba, la segunda cabeza de la bestia. El tercero me jalará de las uñas decididamente hasta el extremo final de la incesante vereda.

Sé cuál debo tomar. El sendero cambia, el laberinto se transforma y un embriagante perfume a estiércol, a baba rancia, inunda los pasadizos. Se oyen mugidos lejanos mientras me precipito por un túnel resbaladizo hacia el fondo, caigo de bruces en un espeso pantano. Ahora del porqué de las cosas, ahora del porqué de los perfumes que producen cefaleas con rencor de feto. El saco con los órganos de la primera cabeza de la bestia, está intacto. Se oye un susurro tibio, el eco de sílabas rumoradas chocando contra la humedad de las paredes. Ausencia de luz. Los caminos van y vienen pero la sordera de la terquedad impide discernirlos, el fantasma del maestro aparece, la huída, también. ¿Quién soy yo? Mil ojos son mis guías en los días de este fatal destino auto impuesto, son mis vigilantes de la promesa hecha en el éxtasis de la creación por cesárea. Lo que sucede ahí sólo puede ser confesado frente a la vergüenza de Minos, oculta en el centro del laberinto. ¿Quién soy yo? Ausencia de luz. Cuatro ventanas se abren cuatro posibilidades de avance, alguien dijo: *Humildad*. Yo escucho y me arrodillo a orar ante cuatro destinos, el primero lleva a las raíces de la familia, el segundo representa las máscaras que vociferan de mi familia entera, el tercero las generaciones venideras, raíces raíces raíces, el cuarto es la solución, el cuarto sendero soy yo mismo. El final de esto se aproxima flotando entre vapores de estiércol. La puerta detrás de la cámara tiene la leyenda: *Y tú no sabes quien eres*. Me tiro boca abajo, arrastrándome por la única rendija que permite el acceso al origen del caos, y me repito: *Este eres tú y tú no sabes quién eres*. Ahora el sendero es uno sólo, el laberinto muta en formas concéntricas, mi cara huele los orines, mi cara huele los hijos olvidados de la bestia. Abajo se oyen mugidos amenazantes. *Somewhat damaged* de Nine Inch Nails comienza su crescendo. Una fuerza me regresa, tenazas metálicas atropellan las sienes, un antiguo recuerdo de luces blancas y batas de cirugía escupe: *No nacerás por aquí no saldrás por aquí*. Atrás, pero adelante, atrás, pero adelante, porque no es momento de dudar, atrás pero adelante, forwards but not backwards only forwards forwards (la fonética misma de la palabra me induce con determinación a continuar) la voluntad descuartizará las hesitaciones neuróticas. El techo sube para perderse en esta oscuridad que va siendo sustituida por dos piras a ambos lados de la entrada. Una voz de tormenta dice: *Ahora sabrás quién eres*. Frente a mí, el yugo de la infancia, el Minotauro primitivo, musculoso, frente a él, el Centauro hermético. Tiene un hacha masiva en la diestra y un cántaro de aguardiente en la siniestra, una cara del arma primera está recubierta de colmillos filosos, por el otro las costillas afiladas de un niño resentido que se dio por completo a la perversidad. El cántaro tiene pintado al padre Cronos devorando a sus hijos. Todos los niños son el mismo niño. Y todos los niños portan la misma expresión de miedo y dolor y desprecio y odio contenidos, yo tengo la inenarrable mueca de paciencia que sólo la venganza próxima puede dibujar, y que ocurrirá en esta vida o en la otra.

No en la otra. Si no en esta.

Mi saco, mi daga, mis puños, mi concentración, mis miedos se transforman en rabia, ven aquí animal creador de bastardos, ven aquí bestia de la lengua punzante. Resopla. Da un largo trago a su bebida y escupe el resto. Lanza un zarpazo circular que se lleva las puntas de mi cabello, sonríe maliciosamente desde la anilla en su nariz, corro hacia él mientras le tiro el saco a la cara para confundirlo, pero suelta un puño con una fuerza que no es de este mundo, lanzándolo al otro lado de la cámara. Sabe los trucos pero con la velocidad de la ida paso bajo sus genitales y los corto de un tajo con mi daga, muge y las paredes se cimbran. Lleva su mano poderosa a la entrepierna que fluye en rojo, gira la cabeza y viene por mí con los ojos desorbitados, las pezuñas raspan el suelo, los cuernos apuntan, la carrera inminente derrumba trozos de la pared, pero se atasca, la evasión fue exacta, concentración, me digo con la adrenalina desbocándose por mi nariz, un corte en su tendón de Aquiles, otro mugido, pero la otra pezuña que revienta en mi plexo me manda hasta el otro lado del cuarto a rezarle al cielo, los recuerdos, la convulsión con la mirada indecorosa desata uno de sus amarres, aun queda otro. La bestia todavía tiene tres miembros que funcionan y viene, ruedo a la derecha para evitar la maza de su puño, ruedo a la izquierda y vuelve a fallar, intento salir por el arco de su pierna, pero su cornamenta da en uno de mis hombros, el hombre caballo gira sobre sí mismo, caigo de nuevo, sin embargo la daga ha dado en su otro tendón, la bestia se arrodilla pero aun así sigue siendo más grande que yo. Luchamos con las manos entrelazadas, frente a frente, lame con hedionda lengua dionisiaca el sudor de mi rostro, su asqueroso aliento alcohólico turba mis sentidos mientras dice algo que sólo yo entiendo, y lo repite y lo repite y lo repite, me debilito, cedo, concentración, *Este eres tú y tú no sabes quién eres*, rabia y entonces viene la electricidad, sus dedos se rompen, se doblan sus muñecas, muge, palanca a su brazo derecho, llave a su codo izquierdo, el ¡Crack! de sus codos estalla en mis venas, muge, mis manos toman los cuernos macizos, arremeto con las rodillas en su cara de bestia inmunda, una, dos, cien veces, el odio vuelto electricidad, tomo la daga y la clavo en su pecho, una ola de sangre pinta mi rostro de guerrero, mis manos desgarran sus músculos, muge, arranco el corazón de un solo tajo que late bajo la carne de mis uñas, mi mano estira su garganta hasta que se despega de su cuello, una ola más, la punta de piedra abre su entrecejo para encontrar una amatista con un feto moribundo dentro, ¡Ahhhhh La electricidad! *¡Quiero saber quién soy!* Voy por su hacha, en el nombre del padre, cae un cuerno, en el nombre del hijo, cae el otro, maldita bestia, maldita bestia, padre muere, muere, en el nombre del perverso espíritu santo, cae su cabeza bajo mi pies desnudos.

Nada queda, nada permanecerá a como era antes, muelo su cuerpo para el sacrificio del único dios que conozco, al único que he visto todos los días de mi vida, yo mismo, ese que ha creado y destruido a su antojo, aquel que se ha condenado y negado a salvarse cuando lo ha podido hacer con sus propias manos, la agitación, la electricidad amaina, los resoplidos restantes del hermético hombre caballo... *Ahora sabrás quien eres,* dijo la bestia antes de morir, meto en el saco el pene y los testículos de la bestia, su corazón, su garganta, la amatista. Lo sello con el hilo dorado. Voy y prendo una pira en el centro de la cámara mientras pongo la cabeza de mi padre muerto sobre mis hombros, tiro el saco y los restos del cadáver al fuego para la purificación, contemplo en silencio. No más oráculos, no más maestros, el verdadero maestro que siempre he buscado está en mí. Esto soy yo, este soy yo, caído de mi propia gracia por mi patético e infantil cinismo, por mis miedos y mi indiferencia, la amatista aparece al rojo vivo al fondo de la pira, la tomo y la parto con la piedra ya sin filo, el feto me mira, estira sus bracitos diminutos, lo abrazo y lo beso. Trago al feto, hay alaridos, el poder ígneo me llama, la purificación, voy a la pira, de cabeza al vacío, todo cenizas, todo oxígeno, todo agua, nada siento, nada temo dijo alguien de quien no me acuerdo. Las convulsiones se van, viene la calma en mi cama llameante mientras los muros del laberinto caen como fichas de dominó, se funden en una esfera de plateada. Entonces viene la luz. ¿Quien soy yo? Presencia reptiliana agónica que gatea por el sendero de la luz.

Discuten Las Moiras:

Clotos.- Los mató jijiji los mató.
Láquesis.- No lo creo.
Átropos.- Las tres lo vimos.
Láquesis.- Sí pero aun así...
Átropos.- Aun así lo hizo, merece algo.
Clotos.- ¿Oportunidad hermanas? Jijiji
Láquesis.- No él no la merece.
Átropos.- Bueno la ganó.

Láquesis.- Pero…

Átropos.- Pero nada, sin embargo hay alguien más a quien sí le podemos quitar lo único que le queda.

Clotos.- ¿A él?

Átropos.- Sí, a él.

Láquesis.- ¿A él? ¿Y le dolerá?

Átropos.- ¿Es humano no es cierto?

Clotos.- Apenas jijiji.

Átropos.- Bueno ya lo veremos.

Láquesis.- Apuesto tres mil almas a que no le dolerá.

Átropos.- Pues yo apuesto cinco mil almas.

Clotos.- Jijiji apuesto todas las almas a que nos lo llevamos a él a él y a todos los demás jijiji.

Átropos.- Clotos, clotos mi estúpida traviesa hermana… Muy bien ¿Quedamos claras?

Láquesis.-Sí, quien gane se lo lleva para provocarle sufrimiento eternamente a costa de Hades ¿Entiendes Clotos?

Clotos.- Sí claro, sin que el viejo hermano de arriba se entere ¿cierto?

Láquesis.- Así es estúpida risueña.

Clotos.- Dolor dolor dolor para el muchacho jijiji dolor.

Se van Las Moiras.

ÚLTIMA ENSEÑANZA
DE LA MANDRÁGORA.

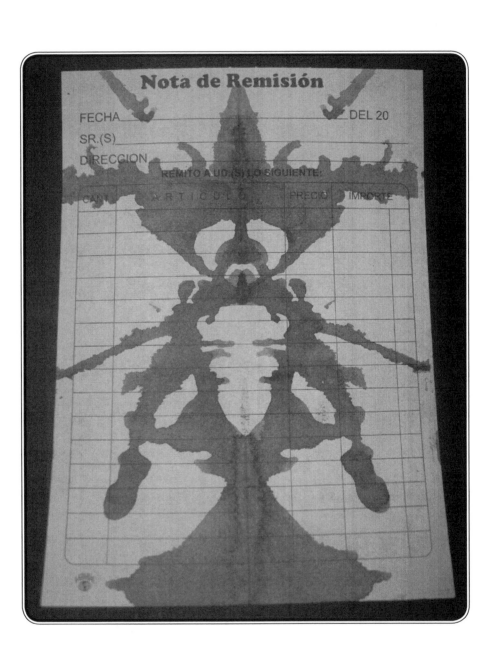

El otro día subí a un árbol de treinta metros, donde podía ver la grandeza del parque Revolución, los seres de baja frecuencia ahí estaban, el movimiento de la gran ciudad ahí estaba, las crisis posibles, los vicios, la risa, el caos, el amor.

Traía la raíz de mandrágora en la mochila, cuando la saqué estaba en postura de loto, inmóvil, le sacudí la tierra que tenía por encima y entonces despertó, le hice una última pregunta sobre el último tramo de mi crisis personal, ella sólo me vio un largo rato en silencio, después inhaló profundamente hasta que sus pulmones se llenaron por completo de aire. Llevó la palma de su mano izquierda a su corazón y la mano derecha apuntando hacia lo lejos. Detuvo el ritmo del mundo pronunciando estas palabras:

Aquí. Todo se cae. Se rompe. Se corrompe. Todo se desorbita. Deja de funcionar se descompone una y otra vez. Como máquina vieja pasada de moda. Toda. Todo arrulla anhelos. Todo compite por todos. Todas compiten por todo. Todo por todo. Todo es alcohol, Drogas, Premoniciones, Espacios y Sonidos, Suspiros y Silencios, ¡MAGIA SEXO! Es una calmitud y de pronto es una fragmentaria horda de leviatanes que se te viene encima. Todo es una nube o una tortuga. Todo es aquí en el lugar donde moras, en la decrepitud fársica o en la vida plena. Y Poderoso Plexo Solar y Poderosa Energía Pranayamica.

Canto Yoguico:
Mantra del señor
Mantra de la entidad
Mantra de la totalidad del hombre de los espíritus
Mantra de los señores de las bestias
Mantra de la velación de un muerto
Mantra del parto
Mantra *Aum*
Mantra infinito *Aum Mani*

Mantra del ser *Aum Mani Padme*

Mantra eterno *Aum Mani Padme Hummmmmmmmmmmmmm mmmmmmmmmmmmmmmmmmmmmmmmmmmmmmmmmmmmmm mmmmmmmmmmmmmmmmmmmmmmmmmmmmmmmmmm...*

Aquí todo es consciente o vulgarmente inconsciente. Aquí todo va buscando el báculo del justo medio. En cada instante. Somos esferas adornadas de cubos materialistas hechos por pensamientos kamikaze.

Aquí todo son figuras retóricas, de Padre, de Hijo, de Madre, de Hija, de Hermano, de Hermana, de Tío y Tía, de Primo y Prima, de Abuelo, de Abuela. Aquí todo son intentos. Aquí Todo es Todo. El reptil dentro de ti ha sido disciplinado. Así Sea.

La mandrágora desapareció para no volver.

OMEGA.

¿Lo has visto maestro? A ese de los pantalones caídos atados con un cable, sí, al descalzado ese, con la botella de aguardiente vacía bailando bajo su brazo, ¿lo has visto subir al caballito de monedas que no funciona? Míralo cómo se jala las barbas mugrosas y el bigote podrido, para gritar con sus dientes sucios, ¿lo has visto? No verdad, no lo has podido ver, ya no lo podrás ver maestro porque ya no estás aquí, dejaste el mundo, (un dejar, un abandono, una desaparición). Los malabares de la vida no fueron suficientes, tampoco los actos volitivos, ¿te acuerdas cuando fumábamos hierba en el camellón de Chapultepec, cuando mirábamos las fotografías en gran formato y luego la gente nos veía raro, en primera por el olor y en segunda por las máscaras retorcidas que hacíamos con el rostro, se asustaban pensando qué loquitos que estábamos? ¿Seguiste en lo mismo verdad? Llegaste a tu suite del hospital, y las crisis y las culpas y la pelea con tu hermano, ya no nos volvimos a ver, te quedaste solo sin padre ni madre, sin familia… a mí me sobrevive un padre al que no he vuelto a ver, nunca te lo dije ¿verdad? La cirrosis lo carcome por dentro, le queda poco al pobre viejo, tal vez vaya a su entierro. ¿Pero y tú? alguien me dijo que continuabas inhalando piedra y alguno que otro hongo ocasional, yo me tuve que alejar, bien lo sabes, cuando los tóxicos ya no daban más para el conocimiento, supe que sólo quedaba el entretenimiento puro hasta que se volvió el cáliz de todos los días, luego la vitalidad maestro, se fue a la mierda, luego el intelecto maestro, que apuraba espasmos inconexos, luego nuestro silencio violento maestro, nuestras miradas de desconfianza mutua, nuestra pusilánime indulgencia con pretextos de ratón, caímos en el pantano de la enemistad, nuestro dolor, pero el barco encalló, todos nadamos hacia horizontes distintos y del capitán no se supo más. Recuerdo todavía buenos tiempos aunque no muy claros. La destrucción, demasiada autodestrucción, ahí nos movíamos bien, y luego queríamos crear, hacer cosas distintas a lo ya comprobado, pero la destrucción. Crear en el lodo no es confiable pues viene el agua emocional y se lo lleva todo por el resumidero que nuevamente se atasca. Crear en el fango de las maldiciones era nuestro estilo, la culpabilidad, el desinterés, los pretextos, las recriminaciones, nuestro cinismo… ¿Robert Frost, Bukowski, Kerouac te acuerdas? Buenos tipos. En la paranoia constante de la ciudad nuestra energía se iba al caño, estábamos alertas para accionar los mecanismos, un par de ellos por lo menos, pero sin concentración nos caímos.

Me he encontrado con tu hermano que me contó lo sucedido ese día que te fuiste. Empezaron los episodios acerca de tu madre, la misma noche de tu cumpleaños y no pararon ni con chochos. Un año duraron, un año aguantaste los intentos de terapia que luego mandaste a la mierda como todo lo demás, soportaste. Luego tu carnal me dijo que le habías pedido el tóxico que nunca te habías metido, chiva, para que todo acabara de una buena vez, te mandó a la chingada, pero él sabía muy bien que ya no eras un ser vivo, y así pues mejor lo peor. No la conseguiste pero sí una aguja con alcohol y sin que nadie te viera te metiste la dosis entera. Directo al pecho. – Eso fue todo, la culpa la tuvo esa puta vieja loca ella tuvo la culpa, hubieras venido a verlo pinche Centauro, hubieras venido a verlo. Dijo tu carnal con ojos rabiosos. Ahora él está en Acapulco, buscando a tu padre, al parecer lo encontró o le dieron la dirección de dónde puede encontrársele, al menos eso me contó en el correo que me envió. Lo siento maestro, no pude estar ahí contigo, pero ni siquiera yo podía estar conmigo mismo, ahí que nada funcionaba para los dos, ahí que me callé y me alejé. Ahora te dejo flores, un peyote con retoños. Te lloro maestro, ahora que sí puedo hacerlo sin vergüenza, te lloro como también le lloré al viejo cuando lo golpeé y lo maté, como también hice con la vieja. Muertos simbólicamente diría Jung. ¿Pero qué decíamos del arrepentimiento? ¡Ah sí, al al mierda el arrepentimiento! Debes estar en un lugar mejor y ahorita te debes reír de mí, qué bueno no me importa. Te dedico este último trago del six. En la próxima vida mantén tus ojos abiertos que yo lo haré por mi cuenta.

En el sueño, las manos de Hermes se asoman por encima del pantano. Lentamente aparece su figura mientras emerge del lodo. Hermes resopla, lleva la flecha perdida entre sus dientes. Un relinchido conocido también sale del pantano. Despierto en mi hogar de la niñez dónde todo se originó. Voy derrumbando las paredes y los cimientos de la casa. Mi familia está ahí, viendo cómo destruyo el lugar que poco a poco se va tambaleando amenazadoramente, pero nadie hace nada, sólo enmudecen desde sus rostros inexpresivos. Cuando la última columna por derribar, se encuentra entre mis manos, todos salen a la cochera. Veo un momento entre el polvo y los escombros, tiro un último puñetazo y todo se viene abajo. El último tramo del descenso de reptil es completado. Nadie dice nada cuando un agónico lagarto gigante se arrastra fuera de los escombros, deja un rastro de sangre que brota de sus heridas, abre la boca con una exhalación de muerte y de sus entrañas nazco yo, cubierto de placentas color violeta. El lagarto se transforma en mi padre, el que no había aparecido en medio de la destrucción, al que tomé la decisión de no volver a ver, el que no presenció el descenso del reptil sino su caída final. Mi padre observa los restos de ese infierno pasado que me trajo a este presente, pone su mano en mi hombro y me dice:

—Bueno, ya está hecho, ahora necesitará nuevos cimientos, unos verdaderamente fuertes, ¿Estás listo para reconstruirla?
Yo le digo con mis ojos enrojecidos cansados de soltar lágrimas:
—Sí viejo, creo que estoy listo.

Los verdaderos oráculos, son los sueños.

Nota de Remisión

FECHA_____ DEL 20___

SR.(S)_____

DIRECCION_____

CANT	A	O	IO	IMPORTE

EPÍLOGO.

Discuten Las Moiras:

Clotos.- ¿Así nada más y ya?
Láquesis.- Pues sí, así están las cosas.
Clotos.- Pero yo quería que traerlo también a él.
Láquesis.- Bueno a él no le alcanzó a tocar, pero nos trajimos al otro.
Clotos.- Sí pero no es suficiente, no es suficiente.
Láquesis.- Vamos hermana no es hora de caprichos, ya habrá otros más que
*   podamos traer de vuelta.*
Clotos.- No, no, no, no, no, yo lo quería a él.
Láquesis.- ¿A él? ¿Precisamente a él? ¿Por qué?
Clotos.- Porque sí y ya.
Láquesis.- Bueno pues ya habrá tiempo para traerlo después. Pero no ahora, no
*   ahora hermana.*
Clotos.- Pero…
Átropos.- ¿Qué sucede aquí?
Láquesis.- Pues…
Átropos.- Cállate estúpida, fue una pregunta retórica hasta el Hades se pueden
*   escuchar tus gritos.*
Clotos.- Es que…
Átropos.- Tú también cállate, basta de caprichos muchacha imbécil, Clotos
*   ponte a hilar.*
Clotos.- Pero…
Átropos.- ¡Ponte a hilar!
Clotos.- Jijiji sí está bien jijiji.

Átropos.- Y tú Láquesis a trabajar en el huso que ya se salvaron demasiados por estas conversaciones inútiles.

Láquesis.- De acuerdo hermana, voy a la rueda, voy a la rueda.

Átropos.- ¿Alguna vio donde dejé mis tijeras? Fíjate a ver si están bajo la rueda.

Láquesis.- No, no están.

Átropos.- ¿Y que tal entre todos esos hilos?

Clotos.- Tampoco jijiji tampoco están aquí jijiji ¿Ya revisaste en tu vagina?

Átropos.- Ah sí... muy bien con que aquí estaban, entonces a trabajar muchachas, a trabajar, que a este nos lo llevamos en unos años más, pero a ti, al que lee estas palabras te llevamos esta noche ¿estás listo?

¿Se van las moiras?
¿Te vas tú?

BIBLIOGRAFÍA.

FROST, Robert. *El camino no elegido.*
FROST, Robert. *Ahora me voy afuera caminando.*